D1721705

Simone Ehrhardt

Der Weihnachtsbrief

Simone Ehrhardt

Der Weihnachtsbrief

24 Hoffnungsgeschichten für den Advent

SCM Collection

SCM

Stiftung Christliche Medien

© 2010 SCM Collection im SCM-Verlag GmbH & Co. KG, Witten
Umschlag: Provinzglück GmbH – www.provinzglueck.com
Umschlagfoto: www.istockphoto.com
Satz: Christoph Möller, Hattingen
Druck: CPI–Ebner & Spiegel, Ulm
ISBN 978-3-7893-9451-5
Bestell-Nr. 629.451

1

Die Kerzen fangen zu brennen an,
das Himmelstor ist aufgetan,
Alt' und Junge sollen nun
von der Jagd des Lebens ruhn;
und morgen flieg ich hinab zur Erden,
denn es soll wieder Weihnachten werden!

Theodor Storm

Schon der Umschlag ist etwas Besonderes: Das dicke, glatte Papier liegt schmeichelnd in der Hand, die satte rote Farbe erfreut den Betrachter und die vielen goldenen Sternchen, die in sorgsamer Handarbeit aufgeklebt wurden, funkeln verheißungsvoll. Wunderbar weihnachtlich, alles in allem. Innen findet sich eine ganz ähnlich gestaltete Karte, doch sie ist nicht mit Sternchen verziert. Stattdessen prangt auf ihrer Vorderseite ein bunt geschmückter, dunkelgrüner Weihnachtsbaum, der unglaublich plastisch wirkt – ein wahrer Augenschmaus! Klappt man die Karte auf, findet man folgende Einladung:

Dieses Jahr sollst du ein außergewöhnliches, ganz einmaliges Weihnachtsgeschenk erhalten. Komme am 24. Dezember um 23 Uhr in die Grüne Kapelle.

Zu Beginn der Adventszeit schrieb ein unbekannter Absender zweiundzwanzigmal einige Zeilen auf zweiundzwanzig rote Karten und steckte sie in zweiundzwanzig rote Umschläge. Mit einem Lächeln strich er liebevoll über jedes einzelne Kuvert in Gedanken an den jeweiligen Empfänger. Ja, sie würden sich alle wundern, über die Maßen staunen und sich fragen, was das zu bedeuten hatte. Sie würden unweigerlich wissen wollen, wer eine solch entzückende Weihnachtskarte herstellen und verschicken würde. Sie würden spüren, dass es jemand war, dem sie ausgesprochen lieb und teuer waren.

5

Die Angeschriebenen würden lange rätseln, wer der Absender sein konnte – es kam schließlich jeder in Frage, den sie kannten. Oder – was noch viel mysteriöser wäre – war es vielleicht jemand, den sie nicht kannten?! Würden sie womöglich denken, die Karte sei eine Werbeidee? Aber nein, dafür war sie zu individuell, zu sorgfältig gestaltet und mit zu viel Liebe ersonnen. Sie würden es nicht herausfinden. Am Ende bliebe ihnen nur eines: Zur angegebenen Zeit in die Grüne Kapelle zu gehen und selbst zu sehen, welche Überraschung dort auf sie wartete. Wenn ihnen nur das Warten nicht zu lang wurde!

Es war nicht auszuschließen, dass der eine oder die andere nicht zum vereinbarten Treffpunkt kommen würde, vielleicht nicht konnte oder sogar nicht wollte. Aber er wusste, dass die Menschen neugierig und von Sehnsucht erfüllt waren. Sie würden wissen wollen, wer er war und was das außergewöhnliche, ganz einmalige Weihnachtsgeschenk sein konnte, das sie in diesem Jahr erhalten sollten. Nicht weil sie gierig waren, sondern weil sie Hoffnung hatten.

Die Menschen hofften immerzu auf etwas Schönes, auf Besserung, auf das Glück. Sie brauchten die Hoffnung, ohne sie waren sie verloren. Die Hoffnung trug sie durch die dunklen Zeiten, die trüben, elenden und glücklosen Tage. Hoffnung und Glaube gehörten eng zusammen. Ohne Glauben gab es auch keine Hoffnung. Die Empfänger sollten hoffen und glauben, dass jemand an sie dachte und ihnen ein wundervolles, unvergessliches Weihnachtsgeschenk überreichen würde. Und dann, am 24. Dezember, in der Heiligen Nacht, in der die Hoffnung der Welt sich in der Geburt eines kleinen Kindes manifestiert hatte, würden sie erstaunt und berührt erfahren, dass Träume wahr werden konnten.

Die Umschläge wurden zugeklebt, noch einmal sanft gedrückt und schließlich auf den Weg gebracht. Zweiundzwanzig geheimnisvolle Weihnachtskarten traten ihre Reise an. In den nächsten Tagen würden sie bei ihren Empfängern ankommen, jede zu ihrer Zeit.

Er schmunzelte. Zu gern würde er die Gesichter sehen.

2

Weihnachten, Kinder, ist nicht nur ein Datum.
Es ist ein Seelenzustand.

Mary Ellen Chase

*I*oannis, hör bitte auf, solch einen Lärm zu machen! Unsere Gäste beklagen sich schon!", rief es von draußen in den Umkleideraum.

Ioannis verstand erst nicht richtig, weil er aus vollem Hals eine Arie schmetterte, doch dann verstummte er gehorsam. Lärm! Schwester Ursel hatte doch keine Ahnung von Musik! Aber sie hatte ja auch sonst einen Spleen, nannte die Patienten und Bewohner des Pflegeheims „Gäste". Soweit er wusste, hatte sich noch niemand über seinen Gesang beschwert, ganz im Gegenteil – die alten Leutchen fanden, dass er wundervoll sang, und lauschten ihm gerne. In den wenigen Monaten, die er bisher als Zivildienstleistender in dem Heim verbracht hatte, hatte er die alten Frauen und Männer schon ziemlich ins Herz geschlossen. Er hatte überhaupt nicht damit gerechnet, dass ihm sein Dienst so gut gefallen würde, aber die Menschen, die er betreute, hatten eine Menge zu geben, zu erzählen und waren vor allem sehr dankbar. Gut, bis auf einen oder zwei vielleicht, die chronisch schlecht gelaunt waren, und dann natürlich diejenigen, die nicht mehr ansprechbar waren und sich nicht äußern konnten.

Sein Dienst war zu Ende und Ioannis radelte nach Hause. Er war der Jüngste von den Geschwistern und lebte als Einziger noch bei den Eltern. Sie waren aus Griechenland nach Deutschland gekommen, als er noch ein Baby gewesen war, und ihr Leben hatte sich zu einer Mischkultur entwickelt, die aus deutschen und griechischen Traditionen bestand. Gerade jetzt zur Adventszeit merkte man das. In Griechenland wurde der Adventszeit keine große Bedeutung beigemessen, aber sie hatten jedes Jahr einen Adventskranz, er bekam immer noch seinen Adventskalender – natürlich mit Schokolade gefüllt – und die Bescherung gab es am 24. Dezember und nicht am 1. Januar, wie bei seinen Landsleuten häufig noch üblich. Als Ioannis das Wohnzimmer betrat, stellte er fest, dass seine Mutter den uralten Weihnachtsbaum aus Plastik aufgestellt hatte.

„Mama, wollen wir nicht dieses Jahr mal einen echten Baum kaufen?" Diese Frage stellte er jedes Jahr und wie immer lautete die Antwort:

„Ach, ich weiß nicht, das macht so viel Schmutz. Im nächsten Jahr vielleicht. Unserer ist doch noch gut. Sieht er nicht schön aus?"

Dann fügte sie hinzu: „Du hast Post bekommen, so einen merkwürdigen roten Brief. Er liegt auf dem Küchentisch."

Milos, sein Beagle, hüpfte um ihn herum, wohl wissend, dass jetzt endlich jemand mit ihm Gassi gehen würde. Ioannis beschloss, den Brief später zu lesen, schnappte sich die Leine und ging mit dem Hund nach draußen, um eine Runde um die Blocks zu drehen und Milos auf der Wiese rennen zu lassen, auch wenn es schon dunkel war. Unterwegs kamen sie an einer Plakatwand vorbei. Ioannis blieb stehen und studierte ein ganz bestimmtes Poster, auf dem eine Konzertreihe der berühmten Sopranistin Vittoria di Notte angekündigt wurde.

„Hey, Milos, was meinst du, soll ich da hingehen? Ich würde sie schon gerne live hören, sie soll ja eine überwältigende Stimme haben."

Milos setzte sich und sah erwartungsvoll an ihm hoch.

„Also, was sagst du?"

Milos wedelte mit dem Schwanz und bellte einmal.

„Das heißt dann wohl Ja", schmunzelte Ioannis. „Gut, denn ich wollte ohnehin ihr Konzert besuchen."

Sie setzten ihren Weg fort.

„Hast du eine Ahnung, wie gern ich Opern singen würde, mein Alter?", redete Ioannis weiter, während sie die Hundewiese ansteuerten. „Na, vermutlich schon, weil ich es dir jeden Tag erzähle." Nur schade, dass seine Eltern überhaupt nichts davon wissen wollten und drohten, ihn vor die Tür zu setzen, sollte er es wagen, Gesang zu studieren. Und da war noch das klitzekleine Problem, dass er gar nicht studieren konnte, weil er kein Abitur hatte. Für eine andere Art der Gesangsausbildung hatten sie erst recht kein Geld.

Der nächste Tag fing mit neuen Schwierigkeiten an, denn seine Eltern sagten ihm, dass sie den ganzen Tag unterwegs wären und Milos nicht mitnehmen könnten.

„Hättet ihr mir das nicht schon früher mitteilen können?", fragte Ioannis stirnrunzelnd, denn so spontan konnte er niemanden finden, der sich um den Hund kümmerte, während er arbeiten war.

„Tut uns leid, aber das hat sich vorhin erst ergeben", entgegnete sein Vater. „Nimm ihn doch mit, er ist so brav, sicherlich wird er keinen stören."

Ioannis seufzte. „Ich glaube nicht, dass ich einen Hund mit ins Heim nehmen darf. Die werden mich rauswerfen!" Aber es blieb ihm nichts anderes übrig, denn Milos konnte nicht den ganzen Tag alleine bleiben, ohne die Wohnung auseinanderzunehmen. Ioannis schaffte es, den Beagle irgendwie ins Heim zu schmuggeln, und band ihn im Umkleideraum des Personals fest.

„Kein Laut, und du rührst dich nicht von der Stelle!" Der Hund sah ihm treuherzig in die Augen und bestätigte mit einem kurzen Schwanzwedeln, dass er verstanden hatte. Mit einem mulmigen Gefühl machte Ioannis sich an die Arbeit.

Eine Stunde später gab es einen Tumult auf dem Gang, Ioannis hörte eilige Schritte und Rufe, und kurz darauf – er hatte es befürchtet – Hundegebell. Er entschuldigte sich bei Herrn Plöhle, um den er sich gerade kümmerte, und rannte aus dem Zimmer, um seinen Hund zu suchen.

Er fand ihn im Aufenthaltsraum, knurrend in einer Ecke stehend. Weihnachtsgirlanden hatten sich um seinen kleinen Körper gewickelt, sodass er sich kaum noch rühren konnte; beim Vorübergehen fiel Ioannis ein Teller mit angefressenen Lebkuchen auf, die ohne Zweifel auf das Konto des Beagles gingen. Die Hälfte des Personals stand um den Hund herum und redete auf ihn ein. Ioannis ging auf Milos zu und sagte seinen Namen. Sofort hörte der Vierbeiner auf zu knurren und wedelte stattdessen freudig mit dem Schwanz. Ioannis kniete sich neben ihn und begann, ihn von der Weihnachtsdekoration zu befreien.

„Herr Papadopoulos, ist das Ihr Hund?", fragte der Heimleiter mit einigem Entsetzen in der Stimme.

Ioannis nickte.

„Es ist Ihnen sicherlich bekannt, dass hier keine Tiere gestattet sind?!" Ioannis nickte wieder.

„Es tut mir leid, aber DAS geht nicht. Packen Sie Ihre Sachen, Sie sind entlassen!"

Mit hängenden Schultern führte Ioannis Milos aus dem Aufenthaltsraum. Er war furchtbar deprimiert, denn das war das Allerschlimmste, was ihm passieren konnte. Doch ihm blieb nichts anderes übrig, als sich zu fügen, denn der Heimleiter war eindeutig im Recht. Milos war nicht schuld an dem Schlamassel, er hatte sich nur wie ein Hund verhalten. Er war ganz alleine selbst verantwortlich. Wie sollte er das nur seinen Eltern beibringen? Ioannis kämpfte mit den Tränen, während er seine Sachen in die Tasche stopfte. Dann zog er sich die Jacke über, nahm seinen Beutel in die eine Hand, die Hundeleine in die andere, und machte sich auf den schweren Weg durch den Flur in Richtung Ausgang.

„Kann ich mich wenigstens noch verabschieden?", fragte er, als er an dem erbosten und ungeduldig wartenden Heimleiter vorbeikam. Er bekam erst einen finsteren Blick, dann eine widerwillige Zustimmung. Im Aufenthaltsraum hatten sich mittlerweile einige der Heimbewohner versammelt, wie üblich um diese Uhrzeit. Als diese den Hund sahen, waren sie begeistert. Milos nicht weniger, er lief von einem zum anderen, ließ sich auf den Schoß nehmen und streicheln, schleckte Hände und Gesichter und rief allgemeines Entzücken hervor. Der Heimleiter stand grummelnd daneben, sagte jedoch nichts dazu.

„Das ist aber schön, dass wir jetzt einen Heimhund haben", meinte Frau Albrecht, die im Rollstuhl saß und sonst nicht viel lachte, im Moment aber aussah, als wäre gerade die Sonne aufgegangen. Der Heimleiter brummte. Ioannis sagte traurig, dass er sich nur verabschieden wollte, weil er entlassen worden sei. Frau Albrecht riss die Augen auf.

„Was, ist das wahr?"

Der Heimleiter nickte. „Keine Tiere im Heim, das wissen Sie so gut wie ich."

„Aber das ist doch lächerlich! Was für einen Schaden könnte dieser süße kleine Hund schon anrichten?"

„Da müssen Sie sich nur mal umsehen. Der süße kleine Hund hat hier drin ein Chaos veranstaltet!"

Frau Albrecht verstummte eingeschüchtert und Ioannis zog Milos mit sich in das erstbeste Pflegezimmer. Der Bewohner lag in seinem Bett und lächelte, als er den Hund sah. Ioannis verabschiedete sich, Milos freute sich über seine neue Bekanntschaft. So oder ähnlich ging es in den nächsten Räumen ebenfalls zu, überall war die Freude über den vierbeinigen Besucher groß, der Unglauben über Ioannis' Entlassung ebenfalls. Der Heimleiter blieb bei Ioannis wie sein Schatten und sah sich jede kleine Abschiedsszene mit an. Dann kamen sie zu Herrn Plöhle, der apathisch in seinem Bett lag und aus dem Fenster starrte. Seit Wochen hatte er kein Wort mehr gesagt und niemanden mehr angesehen. Er schien sich aus dem Leben verabschiedet zu haben und nur noch auf seinen Tod zu warten. Ein Stuhl stand neben dem Bett und ehe Ioannis den Hund daran hindern konnte, war Milos auf den Sitz und auf die Decke gesprungen, wo er sich auf die Brust des Patienten legte und dessen Gesicht beschnupperte. Es dauerte einige Sekunden, aber schließlich wanderte Herrn Plöhles Blick aus der Ferne zurück auf das Tier vor ihm. Ganz langsam hob er eine Hand und legte sie auf den Hund. Milos schleckte ihm begeistert das Kinn ab.

„Meine Güte, Herr Plöhle!", entfuhr es Schwester Ursel, die zu ihnen getreten war, und eine Träne rollte über ihr Gesicht. „Sehen Sie das?", wandte sie sich an den Leiter.

„Ich bin ja nicht blind!", fuhr dieser sie an. „Nehmen Sie den Hund da runter", wies er Ioannis an, der tat wie geheißen. Herrn Plöhles Hand glitt kraftlos zur Seite. Vor dem Zimmer hatten sich Heimbewohner versammelt, die ihnen den Weg verstellten, als Ioannis mit Milos und seinen Aufpassern zur nächsten Tür wollte.

„Wir wollen nicht, dass Ioannis geht! Bitte machen Sie die Entlassung rückgängig!", forderte jemand.

„Der Hund stört doch niemanden, ganz im Gegenteil!", meinte ein anderer.

„Tatsächlich ist es inzwischen üblich, Tiere zu Therapiezwecken in Heimen einzusetzen", erklärte Schwester Ursel eifrig.

Ioannis war überrascht, dass sie sich für ihn einsetzte; er hatte bisher nicht den Eindruck gehabt, dass sie ihn sonderlich mochte.

„Das weiß ich", entgegnete der Heimleiter bestimmt. „Aber Herr Papadopoulos hat den Hund unerlaubt mitgebracht, und man kann das Tier wohl kaum einen Therapiehund nennen!"

„Es gibt auch Heime mit normalen Tieren, die leben dort einfach als Haustiere."

„Es ist doch bald Weihnachten! Seien Sie ein bisschen menschlich und zeigen Sie, dass Sie ein Herz haben", forderte Frau Albrecht.

„Wir möchten Ioannis behalten. Und den Hund auch", setzte noch jemand hinzu.

Der Heimleiter seufzte schicksalsergeben. „Na schön, von mir aus, weil Weihnachten vor der Tür steht und ich sehe, dass alle wollen, dass der Hund und Herr Papadopoulos bleiben. Wir versuchen es, aber wenn es nur das kleinste Problem gibt, darf der Hund nicht mehr mitkommen!"

Ioannis konnte es kaum glauben, die alten Leute klatschten Beifall. Der Heimleiter machte ein finsteres Gesicht, sagte noch etwas davon, dass er einen Anwalt brauchen würde, um sich rechtlich abzusichern und die Zustimmung des Trägervereins zu erkämpfen, und ging davon. Ioannis fühlte sich unglaublich erleichtert. Er ließ Milos von der Leine und ging langsam zum Umkleideraum zurück, um seine Tasche wieder auszupacken und die Arbeitskleidung anzuziehen. „Ein Lied!", rief eine zittrige Frau hinter ihm her und als noch ein paar andere einstimmten, ließ Ioannis sich nicht lange bitten und schmetterte „Oh du Fröhliche", so laut, dass man es noch hören konnte, als er um die Ecke gegangen war.

3

Gesegnet sei die Zeit, in der sich die ganze Welt um Liebe bemüht.

Hamilton Wright Mable

„Adonis, 25, autosportbegeistert, finanziell unabhängig, sucht erfahrene Frau, gerne bis 30." Nicole schüttelte den Kopf. Wie konnte sich jemand selbst als Adonis bezeichnen? Und wie viele erfahrene Frauen unter dreißig mochten sich bei ihm melden? Sie jedenfalls nicht; sie war über dreißig und fand die Anzeige schrecklich. Sie musste ihr Suchraster verändern, sonst würde sie nie jemand Geeigneten finden. Vielleicht sollte sie nur noch darauf schauen, wer vom Alter her ihrer Vorstellung entsprach? Andererseits wollte sie nicht so eingeschränkt sein und jemanden nur nach einer Zahl beurteilen. Es konnte jüngere Männer geben, die auf ihrer Ebene waren; ebenso ältere, die sich etwas Jugendliches bewahrt hatten. Auf die Persönlichkeit kam es schließlich an, nicht auf das Geburtsjahr!

Nicole griff seufzend nach der halbleeren Kaffeetasse und nahm einen Schluck. Kalt war das Zeug, zum Abgewöhnen. Trotzdem leerte sie den Becher und stellte ihn zur Seite. Sie hatte sich so auf diesen Samstagmorgen gefreut, weil sie endlich Zeit hatte, ausgiebig die Annoncen in der Zeitung zu studieren. Sie war vierunddreißig und einsam. Sogar ihre Freundinnen hatten sie verlassen. Marion war weggezogen, hatte sich verliebt, geheiratet und Kinder bekommen; seit zwei Jahren hatte sie nichts mehr von sich hören lassen. Walli hatte beschlossen, sich auf ihre Karriere zu konzentrieren, und dafür einen neuen Freundeskreis benötigt – Anwälte, Manager, Künstler usw. Und Iris, mit der Nicole sich immer am besten verstanden hatte, schmollte seit über einem Jahr wegen eines Streits, der so lächerlich war, dass Nicole vergessen hatte, worum es eigentlich gegangen war. Sie hatte sich ja versöhnen wollen, aber Iris war leider äußerst nachtragend.

Den Richtigen hatte Nicole bisher nicht getroffen. Dabei fand sie, dass sie viel zu geben hatte und im Grunde ganz nett und umgänglich war. Sie sah auch nicht schlecht aus, hatte Hobbys, war zuverlässig und finanziell unabhängig. Also, woran lag es nur? Sie verstand es nicht, aber sie war reif für die große Liebe, so viel stand fest. Jetzt sollte alles anders werden. Sie wollte das engagiert angehen und aktiv nach dem Mann ihres Lebens suchen. Irgendwo musste er ja sein, und da er vermutlich auch schon auf der Suche war, war es nur eine Frage der Zeit, bis sie sich fanden.

Und die Adventszeit war wunderbar dafür geeignet. Wenn Gott ihr gnädig gesonnen war, konnte sie dieses Jahr vielleicht schon Weihnachten mit ihrem Traummann verbringen! Oder wenigstens in Gedanken an ihn, denn überstürzen sollte man ja auch nichts, und bis Weihnachten waren es nur noch drei Wochen. Etwas länger würde die Phase der Kontaktaufnahme und des ersten Beschnupperns wahrscheinlich schon dauern.

Aber diese Anzeigen! Ein Graus! Die meisten Männer waren zu alt und suchten Hausmütterchen oder Sexbomben; andere waren zu jung, wohnten vermutlich noch bei den Eltern und bekamen Taschengeld. Sie wollte die Zeitung schon zur Seite legen, als sie auf eine Annonce stieß, die ihr Interesse weckte. Aufmerksam studierte sie den Text: „Erfolgreicher Anwalt, 37, 182 cm, nett geblieben, vielseitig interessiert und unternehmungslustig, aber auch für gemütliche Abende zu zweit zu haben, sucht selbständige Sie, die gerne lacht und sich mit mir und meinem Hamster verträgt." Nicole schmunzelte. Der Mann schien Humor zu haben. Er klang sympathisch und seine Anzeige war, soweit sie sehen konnte, die einzige, die überhaupt für sie in Frage kam. Sie hatte zwar ein mulmiges Gefühl, aber sie wollte jetzt nicht kneifen. Deshalb holte Nicole Briefpapier und einen Stift hervor und fing an: „Lieber Anwalt, 37, 182 cm ..."

Sie hielt inne und überlegte. Was schrieb man denn nur in einem solchen Brief? Sie hatte das noch nie gemacht. Womit hatte man wohl am ehesten Erfolg? Nicole kaute auf ihrem Stift herum, während sie eine Formulierung nach der anderen verwarf. Schließlich kam sie zu dem Schluss, dass es am besten war, wenn sie einfach schrieb, was ihr in den Sinn kam. Sicher war es gut, wenn er gleich sah, wie ihre Persönlichkeit war. Wenn ihm nicht gefiel, wie sie antwortete, hatte es ohnehin keinen Zweck, sich zu treffen. Und ein Foto würde sie nicht mitschicken. Er hatte ja auch nicht um eins gebeten. Hatte sie nicht mal irgendwo gelesen, dass Frauen auf ihre Partnersuchanzeigen unglaublich viele Zuschriften bekamen, Männer auf ihre dagegen kaum welche? Also waren ihre Chancen vielleicht gar nicht so schlecht.

Nicole schrieb weiter: „Mein Name ist Nicole, ich bin zweiunddreißig, hamster- und juristenfreundlich und schätze meine Unabhängigkeit. Aber ich würde es auch schätzen, einen netten Mann kennenzulernen, der Puccini von Cappuccino unterscheiden kann und für mich ein freies Plätzchen in seinem Herzen findet." An dieser Stelle überlegte sie wieder lange, ob sie ihre Telefonnummer dazusetzen sollte, entschied sich dann aber dagegen. Es war ihr lieber, er würde schriftlich antworten; sie wollte kein peinliches Telefonat mit ihm führen. Er konnte ja ein Treffen vorschlagen, wenn er sie kennenlernen wollte. Mit klopfendem Herzen unterschrieb Nicole den Brief, steckte ihn in einen Umschlag und adressierte ihn an die entsprechende Chiffre-Nummer der Zeitung. Würde der Mann tatsächlich antworten? Sie fühlte ein nervöses Kribbeln in ihrem Magen.

Die nächsten Tage vergingen in ungewisser Erwartung und mit schrecklichem Herzflattern, wann immer Nicole zum Briefkasten ging. Doch es kam keine Antwort. Sie überlegte immer wieder, wann sie realistischerweise mit einem Brief rechnen konnte, und kam jedes Mal zu dem Schluss, dass es mindestens drei Tage dauern musste: einen Tag, bis ihr Brief bei der Zeitung ankam, einen weiteren, bis die Zeitung den Brief an den Anwalt weitergeschickt hatte (falls sie das tatsächlich umgehend tat), und dann noch einen Tag, bis sie seine Antwort erhalten würde – vorausgesetzt, er schrieb ihr sofort und ging rechtzeitig zum Briefkasten. War das ein Nervenkitzel! Nicole wünschte sich inständig, sie hätte eine gute Freundin, mit der sie über alles reden könnte, aber da war niemand. Sie musste allein damit fertig werden. Wurde sie auch, aber als Frau fühlte man sich einfach so viel besser, wenn man sich mitteilen konnte.

Am vierten Tag war Nicole noch gespannter, denn nun bestand tatsächlich die Chance auf eine Antwort. Und wirklich! Als sie den Briefkasten öffnete, lagen zwei Briefe darin: ein großer roter mit goldenen Sternchen und ein kleinerer hellblauer, schwungvoll beschrieben. In ihrer Wohnung legte Nicole die beiden Briefe vor sich auf den Tisch und überlegte, welchen sie zuerst öffnen sollte. Sie entschied sich für den roten.

Sie zog eine wunderschöne Weihnachtskarte heraus und las, was darin stand. Merkwürdig war das ... Ob der Anwalt der Absender war? Wer sollte ihr sonst anonym eine solche Karte schicken? Doch dann dämmerte es ihr: Iris! Das sähe ihr ähnlich! So lange beleidigt zu sein und sich dann mit einer großen Überraschung zurückzumelden. Und hatte Iris nicht immer gerne gebastelt? Es war offensichtlich, dass die Karte und ihr Umschlag mit großer Sorgfalt angefertigt worden waren. Nicole würde auf jeden Fall am 24. Dezember in die Grüne Kapelle kommen. Das war ja eine unerwartete Freude!

Dann wandte sie sich dem anderen Brief zu. Ungeduldig riss sie ihn auf und zerrte das einseitig beschriebene Blatt heraus. „Liebe Nicole, Ihr Brief hat mir sehr gefallen. Ich würde Sie gerne auf ein paar Weihnachtsplätzchen und einen Glühwein treffen. Am Freitag werde ich um 17 Uhr im Café Bazar auf Sie warten. Ich bin der Mann mit dem Lebkuchenherz um den Hals. Viele Grüße, Holger."

Nicole atmete tief durch, dann lachte sie auf. War das Leben nicht herrlich? Gott musste es gut mit ihr meinen. Sie las den Brief noch einmal durch und schmunzelte. Nun konnte sie Freitag kaum erwarten. Dieser Mann gefiel ihr immer besser. Wie er wohl aussah? Bis jetzt war er ihr sehr sympathisch – ob sie sich nach dem Treffen auch noch mögen würden?

Und auch Iris hatte sich bei ihr gemeldet! Es lag ihr so viel daran, sie als Freundin zurückzugewinnen. Weihnachten, sinnierte Nicole, versprach dieses Jahr ein außergewöhnliches Fest zu werden. Konnte es sein, dass sie Liebe und Freundschaft zur selben Zeit geschenkt bekam? Warum auch nicht? An Weihnachten war schließlich alles möglich.

4

Fröhlich soll mein Herze springen
dieser Zeit, da vor Freud
alle Engel singen.

Paul Gerhardt

Der Gang zum Briefkasten war unerfreulich geworden. Das war auch jetzt in der Adventszeit nicht anders. Zunächst versuchte Volker, den Gedanken an die Post völlig zu verdrängen. Das ging so lange gut, bis die beiden Kinder aus dem Haus waren. Nach einer Weile aber wurde Conny unruhig.

„Volker, hast du schon nach der Post geschaut?", pflegte sie zu fragen, wohl wissend, dass er das noch nicht getan hatte.

„Es ist noch zu früh", entgegnete Volker, „der Briefträger war noch nicht da." Dann hatte er eine Weile Ruhe, doch Volker wusste, dass die Post irgendwann kommen würde. Je mehr er versuchte, diese Tatsache zu ignorieren, desto früher kam Conny wieder auf das Thema zurück.

„Geh doch bitte runter und sieh nach", forderte sie ihn gegen elf Uhr auf, und wenn er das nicht tat, wiederholte sie ihre Bitte so lange, bis er schließlich genug hatte.

An diesem trüben Montagvormittag gab Volker schon bei der ersten Aufforderung nach. Es hatte ja alles keinen Zweck, er konnte sich nicht fortwährend drücken. Früher hatte er sich über Post gefreut, aber seit er versuchte, eine neue Arbeitsstelle zu finden, waren große, dicke Briefe für ihn ein Gräuel, denn in ihnen steckten seine Bewerbungsunterlagen, zusammen mit einer Absage. Kleine, schmale Briefe waren dagegen erfreulich – zumindest, wenn sie keine Rechnungen enthielten. In kleinen Umschlägen kamen Einladungen zu Vorstellungsgesprächen. Seit sieben Monaten bemühte er sich schon, eine neue Anstellung zu finden, und wie viele Bewerbungen hatte er seither geschrieben? Hundertachtzig? Zweihundert?

Volker stapfte die drei Stockwerke von ihrer Wohnung zu den Briefkästen hinunter. Acht Parteien wohnten in dem Mietshaus. Das Treppenhaus roch muffig und nach Kohlsuppe. Mit dem kleinen Schlüssel öffnete Volker die rechteckige Metallklappe, die gewaltig quietschte, als er sie aufzog. Das gesamte Haus war renovierungsbedürftig; die Briefkästen mussten eigentlich dringend erneuert werden. Allerdings würde sich damit wohl kaum ihr Inhalt ändern. Zwei große Umschläge fielen Volker entgegen. Das Herz sackte ihm in Richtung Kniekehlen. Wieder zwei! Hörte das denn nie auf? Immerhin waren auch einige kleinere dabei.

In der Wohnung legte er den Stapel auf den Küchentisch. Sollte er ihn gleich durchsehen oder später? Oder es einfach Conny überlassen? Er gab sich einen Ruck und begann. Außer den zwei Absagen fand er die Abrechnung der Stadtwerke, die Rechnung des Handwerkers, den sie wegen der defekten Waschmaschine angefordert hatten, einen Brief vom Arbeitsamt, einen von der Bank und eine Werbesendung. Die zwei großen Umschläge nahm er mit an seinen Schreibtisch im Schlafzimmer.

Da entdeckte er, dass zwischen ihnen noch ein roter Umschlag steckte. Volker stutzte, als er seinen Namen darauf las. Er sah aus wie ein Weihnachtsgruß, aber warum war er nur an ihn persönlich adressiert? Weihnachtskarten schickte man doch normalerweise an die ganze Familie! Gespannt öffnete er das Kuvert und zog die Karte heraus. Eine Weile saß er da und rätselte über den Text:

Dieses Jahr sollst du ein außergewöhnliches, ganz einmaliges Weihnachtsgeschenk erhalten. Komme am 24. Dezember um 23 Uhr in die Grüne Kapelle.

Weil ihm niemand einfiel, von dem die Einladung stammen könnte, zeigte er sie Conny.

„Verstehst du das?", fragte er, nachdem sie sich die Karte gründlich angesehen hatte.

„Nein. Und du hast wirklich keine Idee, wer der Absender ist?"

Er schüttelte den Kopf. „Die Handschrift kenne ich auch nicht", fügte er hinzu.

„Meinst du, jemand möchte dir auf diese Weise eine neue Stelle anbieten? Vielleicht ist das die Idee einer Firma, an Weihnachten auf diese Weise ihre neuen Angestellten zu begrüßen?"

Volker runzelte die Stirn. „Das wäre wirklich merkwürdig ... Jedenfalls wäre es tatsächlich ein außergewöhnliches und ganz einmaliges Weihnachtsgeschenk."

Er nahm die Karte mit zurück an seinen Schreibtisch. Je länger er sie betrachtete, desto fröhlicher wurde er. Sie strahlte etwas sehr Weihnachtliches aus. Volker versuchte, nicht zu viel zu erwarten. Höchstwahrscheinlich hatte diese Karte im Grunde nichts Besonderes zu bedeuten, und er wollte nicht enttäuscht werden. Enttäuschungen gab es wahrlich genug in seinem Leben, sie kamen beinahe täglich mit der Post. Bestimmt war es nur ein Werbegag; so ähnlich wie die berüchtigte Kaffeefahrt, wo alle Leute über einen angeblichen Gewinn benachrichtigt werden und dann doch nur etwas Überteuertes kaufen sollen. Aber falls das nun tatsächlich die Idee einer Firma war, die ihn einstellen wollte ... Letzte Woche war er bei einem Vorstellungsgespräch gewesen und hatte einen positiven Eindruck gehabt. Vielleicht wollten die ihn ja haben! Alles war möglich, gerade in der Weihnachtszeit, oder etwa nicht?

Was die Kaffeefahrtvariante anging – das war wohl doch eher unwahrscheinlich. Wer würde denn so viel Arbeit in jeden einzelnen Brief stecken, wenn es sich nur um Werbung handelte? Immerhin war die Karte von Hand gebastelt und selbst der Umschlag war mit kleinen aufgeklebten Sternchen verziert. Oder war sie nur so gut gemacht, dass es aussah wie Handarbeit? Vielleicht war sie ja irgendwo in Asien hergestellt worden, wo man mit Niedriglöhnen so ziemlich alles billig anfertigen lassen konnte. Aber welche Firma würde schon eine Verkaufsveranstaltung nachts am Heiligabend durchführen? Das klang nicht sehr wahrscheinlich. Er entschied, dass es sich bei der Karte nicht um Werbung handeln konnte.

Volker nahm die beiden großen Umschläge und öffnete sie. Genau, wie er es sich gedacht hatte: Absagen. Warum wollte ihn bloß niemand einstellen? Er war noch nicht so alt, erst Anfang vierzig, konnte eine fundierte Berufsausbildung als Industriekaufmann vorweisen, war zuverlässig, hatte keine Krankheiten und viel Erfahrung. Er wusste, dass es sehr vielen Menschen so ging wie ihm, aber es fiel ihm trotzdem schwer, die Absagen nicht persönlich zu nehmen. Für die Firmen mochte es nicht persönlich sein, aber für ihn schon, denn es ging um ihn als Mensch. Jede einzelne Absage ließ ihn wissen, dass er nicht gut genug war, dass sie jemand anderen lieber wollten als ihn, dass irgendetwas mit ihm vielleicht doch nicht stimmte.

Volker durfte gar nicht genauer darüber nachdenken, sonst wurde er richtiggehend depressiv. Es fiel ihm auch nicht leicht, in dieser Zeit auf Gott zu vertrauen und darauf, dass er immer noch einen guten Plan mit ihm hatte. Volker kam sich mehr und mehr vor, als hätte man ihn auf ein Abstellgleis geschoben, als würde er von niemandem mehr gebraucht. Wenn er an diesem Punkt angelangt war, dachte er üblicherweise an seine Familie und dankte Gott dafür, dass er Conny und die Kinder hatte. Wenigstens sie brauchten ihn, und wegen ihnen ließ er sich nicht hängen, auch wenn ihm noch so oft danach zumute war. Immerhin hatte ihn die Situation gelehrt, möglichst sparsam zu sein und hauszuhalten; das war eine Erfahrung, die man immer brauchen und vielleicht sogar eines Tages weitergeben konnte.

An diesem Montag saß Volker an seinem Schreibtisch und erwartete die altbekannten Empfindungen, doch sie stellten sich nicht ein. Er fühlte weder Enttäuschung noch Bitterkeit oder Traurigkeit. Die beiden Absagen tangierten ihn überhaupt nicht, stellte er fest. Sein Blick wanderte wieder zu der Weihnachtskarte. Sie war der Grund dafür, denn sie hatte ihm ein unerwartetes Hochgefühl beschert. Da war jemand, der an ihn dachte und glaubte – nein, wusste – dass er etwas Besonderes brauchte, etwas, das ihm zeigte, dass er doch noch zählte. Gerade zur Weihnachtszeit kam ihm das wie ein Geschenk des Himmels vor. Volker schaffte es nicht, seine Hoffnung zu dämpfen, sie wurde immer größer und füllte sein Herz aus.

Nun gut, dachte er, warum auch nicht – vielleicht wartet am Ende eine Enttäuschung, aber dann hatte ich ein paar Tage lang einen Höhenflug und habe mich von den Absagen nicht deprimieren lassen.

Er stellte sich diese Frage häufig: War es besser, nicht enttäuscht zu werden, oder gar nicht erst zu hoffen? Er kam immer wieder zu derselben Antwort: „Die Liebe hofft alles ...“ Ohne Hoffnung konnte man nicht leben. Dann konnte man die Hoffnung doch auch einmal voll auskosten und das Beste daraus machen! Gerade an Weihnachten, wo Jesus zur Welt kam und die Hoffnung der Welt wurde, hatte man doch allen Grund dazu. Volker lehnte sich zurück und atmete tief durch. Er fühlte eine Melodie in sich aufsteigen.

Conny staunte nicht schlecht, als sie aus dem Schlafzimmer ihren sonst so niedergeschlagenen Mann ein Weihnachtslied pfeifen hörte, und lächelte. Dann fiel sie ein und summte mit.

5

„Knecht Ruprecht", rief es, „alter Gesell, hebe die Beine
und spute dich schnell!"

Theodor Storm

Manfred Jankowski stellte die schöne rote Weihnachtskarte vor sich auf und betrachtete sie erfreut. Er hatte so eine Ahnung, wer der Absender war: die entzückende Frau Körner, die im Oktober neu in der Buchhaltung angefangen hatte. Er hatte schon öfter gedacht, dass sie ihn immer so keck ansah und mit ihm flirtete; da konnte Franz, mit dem er das Büro teilte, sagen, was er wollte – er wusste doch wohl selbst, wie er ihre Zeichen zu interpretieren hatte! Obwohl er die Kollegin wirklich reizend fand, war er nie darauf eingegangen – er war verheiratet und seiner Gattin treu ergeben, das kam also nicht in Frage. Trotzdem, ihre Bewunderung gab ihm etwas, so einen Aufwärtsschub für sein Ego. Frau Körner war schlank, blond, jung, unverheiratet und attraktiv, und ausgerechnet diese Venus interessierte sich für ihn – Anfang fünfzig, ewig verheiratet, zwei erwachsene Kinder, deutliche Geheimratsecken über den angegrauten Schläfen und ein beträchtlicher Bauchansatz!

Diese Karte musste auf jeden Fall im Büro bleiben und er musste Frau Körner irgendwie ganz taktvoll die Hoffnung nehmen, dass er für sie jemals mehr sein würde als ein Kollege. Ob dieses Treffen in der Kapelle die passende Gelegenheit dafür war, musste er noch entscheiden. Immerhin wäre es schon sehr merkwürdig, wenn er sich an Heiligabend heimlich davonschleichen würde. Wenn er es genau bedachte, musste er die Sache vielleicht doch mit Heidi, seiner Frau, besprechen, denn sie würde ihm sofort auf die Schliche kommen. Und sie hatten ja eigentlich auch keine Geheimnisse voreinander.

Die andere Möglichkeit war, dass die Karte von seinem Chef kam, der nur vergessen hatte zu unterschreiben. Das würde zu ihm passen. Jedes Jahr erhielten die Abteilungsleiter vom Geschäftsführer persönlich ein Geschenk mit einer Karte. Diesmal fehlte allerdings das Präsent, aber es war gar nicht so unwahrscheinlich, dass beschlossen worden war, dieses Jahr darauf zu verzichten. Oder vielleicht gab es bei diesem ominösen Treffen ein Geschenk? In der Karte stand ja auch, dass er etwas Besonderes erhalten sollte. Doch das würde eigentlich gar nicht zu Herrn Dr. Probst passen; er war doch eher ein fantasieloser Typ.

Manfred geriet ins Träumen, als er sich auszumalen versuchte, was dieses besondere Geschenk sein konnte. Ein Porsche vielleicht; nein, ein Ferrari; nein, ein Hummer; nein, ein Mercedes SL Cabriolet – er konnte sich nicht entscheiden. Oder vielleicht doch eine Kiste erlesener Weine? Die anderen würden ihm, dem Connaisseur, hingerissen lauschen, während er kluge önologische Kommentare abgeben würde. Nicht, dass er tatsächlich viel von Weinen verstand ... Er würde sich kundig machen müssen. Oder es war ein Einkaufsgutschein für den besten Laden der Stadt, wo er sich mit ein paar edlen Stöffchen einkleiden würde, die überall Aufsehen erregen würden. Man würde ihn für seinen ausgezeichneten Geschmack und Stil loben, er wäre ein Modevorbild, die jungen Männer würden ihm nacheifern. Herr Dr. Probst würde ihm auf die Schulter klopfen und ihn um Verzeihung bitten, dass er ihn bislang vollkommen verkannt hatte, und ihn sofort zu seinem Stellvertreter machen, und die Frauen würden sich bewundernd nach ihm umdrehen.

Manfred sah an sich herunter und bemerkte mit leichtem Abscheu, wie sich der Bauch über seinen Gürtel wölbte. Das schmal gestreifte Hemd machte ihn auch nicht schlanker, obwohl man Längsstreifen doch diese Wirkung nachsagte. Es steckte in seiner ausgebeulten, alten Cordhose, die Heidi hasste und schon vor Jahren hatte entsorgen wollen. Bisher hatte er sich erfolgreich dagegen gewehrt, aber nun erkannte er plötzlich, dass die Hose absolut unvorteilhaft war. So etwas trugen doch alte Männer, die ihren Allerwertesten nicht mehr aus dem Sessel bekamen! Auf seiner Krawatte war ein Fleck, der beharrlich jede Reinigung überstand. Außerdem hatte sie ein Muster aus Blümchen und kleinen Blumentöpfen. Die Kinder hatten ihm das Stück vor zehn Jahren zu Weihnachten geschenkt. Es war höchste Zeit, dass er sie los wurde.

Als Manfred abends zu Hause vor dem Spiegel stand und sich betrachtete, war er gar nicht zufrieden. Wie hatte Heidi ihn in diesem Outfit überhaupt aus dem Haus gehen lassen können? Seine Frau hatte doch sonst einen besseren Geschmack! Er zog sich bis auf die Unterwäsche aus und holte ein anderes Hemd aus dem Schrank, ein schmal geschnittenes, wie die, die Jogi Löw immer trug. Er zog seinen Bauch ein und schloss die Knöpfe, dann ließ er den Bauch los. Es spannte gefährlich, aber es hielt. Na bitte, es ging doch! Er wühlte weiter im Schrank herum, auf der Suche nach einer ganz bestimmten Hose.

„Schatzi?", rief er durchs Haus, als er sie nicht finden konnte. „Weißt du, wo meine Jeans von früher ist? Du weißt schon, die figurbetonte, in der mein Hintern so gut zur Geltung kommt."

Heidi lehnte plötzlich in der Schlafzimmertür. „Was treibst du denn da?", fragte sie erstaunt.

„Ich suche meine helle Jeans."

„Das alte Ding aus den Achtzigern etwa? In die passt du doch gar nicht mehr rein."

„Das werden wir ja sehen!" Manfred war nicht gewillt, sich das ausreden zu lassen. „Also, wo ist sie?"

„Oben, in der Kommode, wo ich die aussortierten Sachen aufhebe, um sie dann irgendwann unbemerkt in die Altkleidersammlung zu geben."

„Na hör mal, du kannst doch nicht einfach meine Lieblingshose weggeben, ohne mich zu fragen!" Manfred war empört.

„Ich dachte, *das* sei deine Lieblingshose!", erwiderte Heidi und deutete auf den Cordhaufen auf dem Bett.

„Das Ding kann weg, es macht mich alt und dick", meinte Manfred.

Heidi seufzte und ging die Jeans holen.

„Hier."

Manfred nahm sie mit anerkennendem Nicken entgegen, schlüpfte hinein und konnte sie nur mit äußerster Anstrengung schließen. Er sah aus wie eine schlecht gestopfte Wurst, aber er betrachtete sich gefällig im Spiegel und lächelte sich zu.

„Das könnte ich doch an Weihnachten tragen, oder was meinst du?"

„Das ist jetzt nicht dein Ernst!"

„Wieso? Ich nehme noch ein paar Kilo ab und dann sitzt sie wie eine Eins."

„Und essen willst du nichts an Weihnachten? Ein Bissen und du platzt aus allen Nähten!"

Manfred warf seiner Gattin einen vorwurfsvollen Blick zu. „Warum musst du immer so negativ sein?! Ich melde mich morgen im Fitnesscenter an und dann werde ich dreimal in der Woche trainieren. Du wirst schon sehen: Bis Weihnachten werde ich anstelle dieser Schwabbelmasse einen Sixpack haben." Er drückte seinen Bauch mit beiden Händen nach innen und drehte sich ein wenig, um sich auch von der Seite zu sehen. „Ich überlege auch, mir die Haare färben zu lassen. Glaubst du, eine Haartransplantation wäre etwas für mich?" Nun beäugte er seine Geheimratsecken.

Heidi funkelte ihn an. „Kannst du mir mal sagen, was mit dir los ist? Seit wann ist das so wichtig für dich? Bisher war dir dein Bauch egal und die alte Cordhose dein liebstes Kleidungsstück; man konnte dich ja praktisch nur unter Gewaltandrohung davon trennen. Und jetzt fängst du an mit Sport und Frisör? Hast du irgendein Problem?"

Manfred zuckte mit den Schultern. „Nein, überhaupt nicht. Ich finde nur, dass ich mehr auf mein Äußeres achten sollte. Ich habe das zu lange vernachlässigt. Ich sehe älter aus, als ich bin. Besser gesagt, ich könnte um einiges jünger aussehen, als ich bin."

Heidi ließ sich aufs Bett fallen und fasste sich an die Stirn. „Ach, jetzt weiß ich, was los ist: Midlife-Crisis!"

Manfred schnaubte verächtlich. „Unsinn, ich doch nicht."

„Jetzt fehlt nur noch, dass du dir einen Sportwagen anschaffst."

Manfred dachte an seine Träume, die ihn wegen des Treffens an Heiligabend überfallen hatten, und sagte nichts dazu. Was wusste Heidi schon?

„Könntest du an Weihnachten etwas Leichtes kochen? Es muss doch nicht immer dieses kalorienreiche Zeug sein, das einem so schwer im Magen liegt."

„Ach, jetzt schmeckt dir mein Essen also nicht mehr!"

Manfred erkannte, dass er einen Fehler gemacht hatte. „Schatzi, *natürlich* schmeckt mir dein Essen, das weißt du doch! Es schmeckt mir zu gut, das siehst du ja an meinem Bauch. Ich meinte nur, dass es zum Abnehmen hilfreich wäre, wenn du mich unterstützt.“

Heidi schwieg, machte aber den Eindruck, als wäre sie kurz vor dem Explodieren.

„Habe ich dir schon erzählt, dass in meiner Abteilung eine Stelle frei wird?“, versuchte Manfred das Thema zu wechseln. „Wir werden ab Januar ein Bewerbungsverfahren laufen haben, das wird interessant. Ich mag es, Bewerber zu interviewen, da lernt man viel über Menschen.“

„Weißt du, Manfred, ich fände es gut, wenn du mal mit unserem Pfarrer redest.“

„Mit Pfarrer Lemm? Warum sollte ich das tun? Ich habe ihm nichts zu sagen.“

„Vielleicht hätte er dir etwas zu sagen. Er möchte eine Männergruppe ins Leben rufen und da würdest du prima dazupassen.“

„Eine Männergruppe?“ Manfred war irritiert. „Ich kann mir überhaupt nicht vorstellen, was man in einer Männergruppe machen könnte.“

Heidi blieb beharrlich. „Das wird er dir schon sagen. Ich glaube, sie ist speziell für Männer wie dich gedacht. Männer, die in einem gewissen Alter sind und nach einem neuen Sinn für ihr Leben suchen, nach Abenteuern und Verständnis.“

Er schüttelte den Kopf. „Ich suche doch nicht nach Verständnis! Höchstens nach deinem, damit du mir beim Abnehmen hilfst. Du achtest doch darauf, wenn du das Weihnachtsessen planst, ja? Und ich sage auch meiner Mutter Bescheid, damit sie es weiß, wenn wir am ersten Feiertag bei ihr sind.“

Heidi stöhnte genervt und ging nach unten.

Manfred war sich sicher, dass sie noch einlenken würde. Sein neuer Look gefiel ihm; nur an seiner Frisur musste er noch etwas ändern. Er versuchte, sich auf einen Stuhl zu setzen, schaffte es aber nicht, weil die Hose so eng war. Doch das war kein Problem, er würde ja in Kürze keinen Bauch mehr haben. Bis Weihnachten konnte er locker fünf Kilo abnehmen, vielleicht auch zehn. Morgen also würde er sich im Fitness-studio anmelden und beim Frisör anrufen, um einen Termin vor den Feiertagen zu vereinbaren. Heidi würde aus dem Staunen nicht mehr herauskommen und seine Kinder würden ihn endlich wieder als das glanzvolle Vorbild sehen, das er früher für sie gewesen war, bevor sie in die Pubertät gekommen waren. An Weihnachten würde er ihnen einen fabelhaften, runderneuerten Vater präsentieren. Vielleicht war Heidis Idee, sich einer Gruppe anzuschließen, doch nicht so übel, dachte Manfred schließlich. Ihm schwebte allerdings eher ein Motorrad- oder vielleicht sogar einer dieser Herrenclubs vor, zu denen Frauen keinen Zutritt hatten.

Manfred drehte sich einmal mehr vor dem Spiegel hin und her. Mit seinem eisernen Willen wäre es überhaupt kein Problem für ihn, ab sofort zu hungern und abends nur noch Salat zu essen. Nach seiner Verjüngungskur könnte er vielleicht sogar ein Buch schreiben, um sein Erfolgsrezept mit der ganzen Welt zu teilen! Auf der Rückseite müsste natürlich sein Foto prangen, das Foto seines neuen Ichs. Er war sich nur nicht sicher, wie er mit dem ganzen leckeren Weihnachtsgebäck fertig werden sollte, das Heidi schon gebacken hatte.

6

So heimlich war es die letzten Wochen,
die Häuser nach Mehl und Honig rochen.

Arno Holz

„Muss ich die Rosinen nicht erst einweichen?" Isolde Hahn studierte mit gerunzelter Stirn das Rezept und lauschte gleichzeitig auf die Antwort ihrer Gesprächspartnerin. Das Telefon hatte sie sich zwischen Ohr und Schulter geklemmt – eine höchst unangenehme Haltung –, um dabei zu backen. Ihre Schwester, die sie angerufen hatte, damit sie ihr beistand, seufzte.

„Nein, davon steht doch gar nichts im Rezept, oder?"

„Ich dachte, das gehört zu diesen Dingen, die für Insider selbstverständlich sind und nur mir unbekannt."

„Willst du das nicht lieber sein lassen? Du weißt doch, was üblicherweise dabei herauskommt, wenn du versuchst, etwas zu kochen oder zu backen."

„Anne, dir ist doch klar, dass ich keine Wahl habe! Der Vorstand des Gewerbevereins hat mich förmlich dazu gezwungen! Ich habe denen gesagt, dass ich darin nicht gut bin und lieber etwas anderes beisteuern würde, aber sie bestanden auf Selbstgebackenem für ihre Versteigerung. Und nach dem Eklat beim Sommerfest dachte ich, es wäre besser, nicht schon wieder so unangenehm aufzufallen."

Isolde ließ sich die soeben erwähnte Gelegenheit noch einmal durch den Kopf gehen. Der Gewerbeverein ihres Stadtteils hatte ein Sommerfest ausgerichtet und sie damit beauftragt, hübschen Blumenschmuck beizusteuern, mit dem man die Bühne und diverse andere Örtlichkeiten ausstaffieren wollte. Man hatte ihr keine genauen Vorgaben gemacht; es war zwar beiläufig von Margeriten, Rosen und Glockenblumen die Rede gewesen, doch sie hatte es nicht so verstanden, dass das verbindlich gewesen wäre. Sie hatte etwas ganz anderes vor Augen gehabt, etwas Spektaktuläreres als die ewig selben langweiligen Blümchen –

28

nichts gegen Rosen natürlich –, und sich für üppige, großblütige Bouquets entschieden, die dann auch umwerfend aussahen.

Sie hatte schwarze Stockrosen, lila Lilien, grüne Calla und dunkelrote Gladiolen kombiniert. Isolde fand die Auswahl auch heute noch ausgezeichnet und von allen Seiten hatte man sie gelobt – nur der Vorstand war ziemlich verärgert gewesen. Man hatte sie gefragt, wie sie bitteschön darauf gekommen sei, all diese deprimierenden Farben zu verwenden, nachdem man sich auf Weiß, Rosa und Blau geeinigt hatte. Sie hatten überhaupt nicht bemerkt, wie die intensiven Farben der Blüten mit dem hellen Sonnenlicht reagierten, dass sie zum Leuchten gebracht wurden und die ganze Harmonie des Spektrums hervortrat, wie man es sonst kaum jemals zu sehen bekam.

„Banausen!" Isolde schnaubte verärgert.

„Das hast du dir selbst zuzuschreiben", entgegnete Anne.

„Ja, ich weiß. Sag mal, die Butter lässt sich ja überhaupt nicht mit dem Zucker verrühren."

„Ist sie etwa direkt aus dem Kühlschrank?"

„Natürlich, da bewahrt man seine Butter doch auf, oder nicht?"

„Dann stell sie erst in die Mikrowelle, damit sie weich wird. Aber nur kurz!"

Isolde tat wie geheißen und wechselte das Telefon auf die andere Seite. Ihre Schulter tat ihr schon ganz schön weh.

„Und es bleibt dabei, dass du an Weihnachten zu uns kommst, ja?", erkundigte sich Anne.

„Sicher, an Heiligabend komme ich gleich, nachdem ich den Laden geschlossen habe."

„Sehr gut. Wir haben noch jemanden eingeladen, einen Bekannten. Du wirst ihn mögen."

„O nein, bitte nicht! Du versuchst doch nicht schon wieder, mich zu verkuppeln?"

Ihre Schwester zögerte einige Augenblicke, ehe sie antwortete. Isolde wusste ganz genau, was für ein Gesicht Anne gerade machte.

„Was heißt ‚verkuppeln'... Ich möchte doch nur, dass du Leute kennenlernst."

Isolde lachte bitter. „Leute? Männer, meinst du wohl! Du lädst immer nur alleinstehende Männer ein, wenn ich zu euch komme."

„Ich mache mir eben Sorgen. Seit Dietmar dir damals das Herz gebrochen hat, bist du allein, und ich weiß doch, dass du einsam bist und dir eine neue Liebe wünschst!"

„Ich bin nicht einsam", murmelte Isolde in einem schwachen Versuch, ihrer Schwester zu widersprechen, doch sie wusste, dass es zwecklos war. Anne hatte sich diese Mission auferlegt und nichts konnte sie davon abbringen.

„Muss ich jetzt das Mehl dazurühren?", fragte Isolde in der Hoffnung, das Thema wechseln zu können. Sie fand es ja ganz lieb von ihrer Schwester, dass sie sich Gedanken um sie machte, aber die potenziellen Partner, die Anne ihr im Lauf der Jahre schon vorgestellt hatte, waren nichts als eine lange Reihe von Enttäuschungen gewesen. Anne verstand einfach nicht, worauf es ihr bei einem Mann ankam. Isolde wollte keinen Nullachtfünfzehn-Intellektuellen, der alle bedeutenden Schriftsteller aufsagen konnte und ein Opernabonnement besaß. Sie wollte auch keinen Programmierer, Piloten, Restaurantbesitzer, Lehrer, Sportfanatiker, Hundezüchter oder Abenteurer, der zu Fuß die Anden durchquert hatte, ganz allein, nur mit einem Maultier. Sie wollte einen Mann, der sie verstand. Und da sie recht kompliziert sein konnte, war das ein ziemlich hoffnungsloses Unterfangen.

„Was machst du gerade?", erkundigte sich Anne, die die lange Gesprächspause wohl verdächtig fand.

„Ich habe alles in die Schüssel geschüttet und warte darauf, dass es sich vermischt, aber das klappt nicht richtig."

„Hast du denn schon den Quark dazugetan?"

Isolde bekam einen Schreck. „Quark?"

„Du machst doch einen Quarkstollen, oder? Hast du schon daran gedacht, dass du dafür Quark brauchen könntest?"

„Oh ..." Isolde riss die Kühlschranktür auf und hoffte auf ein Wunder, aber natürlich war keines geschehen und daher kein Quark zu finden. „Wie viel brauche ich? Ich muss mal eben in den Supermarkt."

„Sieh im Rezept nach!", rief Anne, bevor Isolde auflegte und eilig das Haus verließ.

Als Isolde erhitzt zurück in ihre Wohnung kam, ein Päckchen Quark in der Hand, klingelte das Telefon, und es hörte sich an, als täte es das bereits eine ganze Weile. Anne konnte es wohl kaum erwarten, sich über sie lustig zu machen. Isolde warf ihre Jacke auf einen Sessel und nahm den Hörer in die Hand.

„Schon gut, ich habe den Quark, und ich hoffe, das ist der letzte Stollen, den ich in meinem Leben backen muss!"

„Spreche ich mit Frau Hahn?"

Isolde wurde rot. „Ja. Bitte entschuldigen Sie, ich dachte, es sei meine Schwester."

„Nun, hier spricht Frau Vanderweid-Hollerstein." Ihr Tonfall war eindeutig säuerlich.

„Was kann ich für Sie tun, Frau Vanderweid-Hollerstein?"

„Ich wollte noch einmal mit Ihnen wegen des Silvesterballs sprechen. Ihnen ist doch klar, dass ich etwas Außergewöhnliches wünsche und nicht einen ordinären Blumenschmuck, wie ihn jeder hat?"

Isolde verdrehte die Augen. „Natürlich, Frau Vanderweid-Hollerstein. Ich bin immer noch auf der Suche nach der besonderen Blume, die Ihnen vorschwebt. Aber das ist nicht so leicht."

„Heißt das, Sie können den Auftrag nicht erfüllen?"

„Doch, natürlich; ich kann Ihnen lediglich noch nicht alle Details nennen. Ich bin sicher, dass ich nach Weihnachten Genaueres weiß!" Isolde wünschte, sie würde sich nur halb so sicher fühlen, wie sie klang.

„Nach Weihnachten erst? Das ist aber reichlich spät. Wenn Sie mir dann nicht liefern können, was ich mir vorstelle, wird es schwierig für mich werden, mich nach einem anderen Floristen umzusehen. Spekulieren Sie etwa darauf?"

„Aber nein, ganz und gar nicht. Es ist nur so, dass es viel Zeit in Anspruch nimmt, weltweit nach Blüten zu suchen, die sich eignen würden. Die Kommunikation klappt nicht immer so wie hier bei uns, manchmal muss ich tagelang warten und immer wieder nachhaken, bis ich eine Antwort bekomme. Dann scheitert es wieder daran, dass die

Blumen, die ich finde, gerade keine Blütezeit haben und nicht geliefert werden können. Aber machen Sie sich bitte keine Sorgen, es sind ja noch fast drei Wochen bis Weihnachten, und sobald ich fündig geworden bin, melde ich mich bei Ihnen."

Frau Vanderweid-Hollerstein schien fürs Erste beruhigt, doch Isolde wusste, dass sie spätestens in einer Woche wieder nachfragen würde. Sie wünschte sich fast, den Auftrag nicht angenommen zu haben. Doch er würde ihr viel Geld einbringen: Blumenschmuck für den alljährlichen Silvesterball der Hollersteins, für das ganze, riesengroße Haus und die Auffahrt, und nur vom Feinsten. Sie freute sich darauf, aus dem Vollen schöpfen zu können und ihrer Kreativität und Vorliebe für Ungewöhnliches freien Lauf zu lassen. Wenn nur dieser eine Wunsch der Kundin nach einer Blume, die unbekannt und absolut außergewöhnlich war, nicht auf ihren Schultern liegen würde wie ein Sack Blei. So etwas würde sie nicht in Deutschland finden, vermutlich nicht einmal in Europa, und deshalb war Isolde schon seit Wochen damit beschäftigt, in Südamerika, Afrika und Asien Kontakte zu Blumenhändlern zu knüpfen und auf den Fachseiten im Internet zu recherchieren. Es gab wunderschöne, exotische Blüten, doch sie wusste, dass nichts von dem, was sie bisher gefunden hatte, Frau Vanderweid-Hollersteins Ansprüchen genügen würde.

Das würde ein denkwürdiges Weihnachtsfest werden! Anne würde einmal mehr versuchen, sie mit einem Mann zu verkuppeln, den sie vermutlich sterbenslangweilig fand. Dieser Auftrag würde ihr über die Feiertage im Magen liegen, sollte sie nicht vorher die ultimative Blume auftreiben. Und dazu dieser Christstollen, den sie backen musste, obwohl sie in der Küche zwei linke Hände hatte … Isolde konnte nur hoffen, dass derjenige, der den Stollen letzten Endes erstand, nicht daran sterben würde. Sie musste unbedingt weitermachen, damit das Ding noch in den Ofen kam, bevor Anne ins Bett ging und nicht mehr telefonisch zur Verfügung stand.

Als Isolde den Quark aus dem Becher zum restlichen Teig geschüttet hatte, stellte sie den leeren Behälter auf den roten Brief, der am Morgen in der Post gewesen war, damit die Tischdecke darunter nicht nass wurde und Flecken bekam. Dann nahm sie das Telefon und wählte

Annes Nummer. Den Brief hatte sie noch gar nicht geöffnet, aber das konnte bis morgen warten. Der Christstollen war heute wichtiger.

Zwei Stunden später holte sie erschöpft und unendlich erleichtert ihr Backwerk aus dem Ofen und betrachtete es zufrieden. Der Christstollen sah gut aus und roch sogar sehr appetitlich. Vielleicht hatte sie ja Glück und es war ihr ausnahmsweise gelungen, etwas Essbares herzustellen. Das würde sie vermutlich nie erfahren, denn probieren konnte sie ihn nicht.

Der Stollen musste noch mit Butter übergossen und mit Puderzucker bestäubt werden. Dann würde sie ihn hübsch verpacken – wenigstens das konnte sie aus dem Effeff – und zum Gewerbeverein bringen, der ihn bei seinem Weihnachtsbasar verkaufen würde. Isolde wusste, dass sie das ohne ihre Schwester niemals so gut hinbekommen hätte. Sie war ihr sehr dankbar, und deshalb wollte sie auch versuchen, den Heiligabend klaglos über sich ergehen zu lassen – egal, wer und wie der unbekannte männliche Gast sein würde. Aber jetzt musste sie ins Bett. Die letzten Arbeitsschritte konnten auch noch bis zum nächsten Tag warten.

Isolde hatte kaum ihr müdes Haupt aufs Kissen gelegt und die Decke zum Kinn hochgezogen, da war sie auch schon eingeschlafen. Sie träumte von Bergen von Christstollen, tanzenden Männern in Elfenkostümen und Weihnachtsbäumen mit exotischen Blüten und lächelte im Schlaf.

Quarkstollen

Zutaten:
500 g Mehl
1 Päckchen Backpulver
200 g Zucker
1 Päckchen Vanillezucker
1/2 TL Salz
abgeriebene Schale von je 1/2 Zitrone und Orange (ungespritzt)
je 1 Msp. Muskat, Zimt, Kardamom
2 Eier
200 g Butter
250 g Quark
je 125 g Rosinen und Korinthen
je 50 g gewürfeltes Orangeat und Zitronat
125 g geschälte und gemahlene Mandeln
2 EL Rum

Außerdem:
50 g Butter
Puderzucker

Zubereitung:

Mehl mit dem Backpulver in einer Schüssel mischen, in die Mitte eine Mulde drücken, Zucker, Vanillezucker, Gewürze und Eier hineingeben (oder erst in einer extra Schüssel mischen). Diese Zutaten miteinander verarbeiten. Darüber die in Stücke geschnittene Butter und den Quark verteilen, die übrigen Zutaten darüberstreuen und alles zu einem glatten Teig kneten. Wenn er zu klebrig ist, noch etwas Mehl dazugeben. Einen Stollen formen und auf ein Backblech mit Backpapier legen. Bei 180°C ca. 60–70 Minuten backen. Aus dem Ofen nehmen und mit der zerlassenen Butter bestreichen oder begießen und mit Puderzucker dick bestreuen.

7

Und ein Kätzchen sitzt daneben,
wärmt die Pfötchen an der Glut;
und die Flammen schweben, weben,
wundersam wird mir zumut.

Heinrich Heine

*F*elix hätte am liebsten einen großen Bogen um den Copyshop gemacht, aber er musste hineingehen. Er brauchte dringend Kopien
aus einigen Büchern, und nirgendwo sonst waren sie so billig wie hier.
Aufs Schlimmste gefasst drückte er die Tür auf. Warme, stickige Luft
schlug ihm entgegen, es war voll wie immer, weil viele Studenten zum
Kopieren am liebsten hierherkamen. Der Besitzer des Copyshops hatte
einen kleinen Plastikchristbaum mit blinkenden, bunten Lichtern auf
die Theke gestellt und Lichterketten mit sternenförmigen Lämpchen an
die Wände gehängt. Die Dekoration sah ganz hübsch aus, konnte aber
zwischen den vier Kopiermaschinen kaum Gemütlichkeit verbreiten.
Felix sah sich vorsichtig um. Vielleicht hatte er Glück und *sie* war gar
nicht da. Sicher hatte selbst *sie* gelegentlich einen freien Tag.

„Hallo Felix", gurrte es in sein Ohr. Er machte einen erschrockenen
Satz zur Seite. Jana stand da und schaute ihn unschuldig mit großem
Augenaufschlag an. Offenbar hatte sie doch nicht frei. „Schön, dass du
wieder mal vorbeikommst. Du kannst an diesen Kopierer." Sie schob
kurzerhand eine protestierende junge Frau zur Seite, die eigentlich an
der Reihe gewesen wäre. Felix hielt es für das Beste, nicht zu diskutie-
ren, und gehorchte.

„Danke", murmelte er. Er spürte, wie ihm unter ihren Blicken heiß
wurde.

Jana beobachtete ihn, wie er Seite um Seite kopierte. Hatte die Frau
denn nichts zu tun? Sie hing an ihm wie eine Klette. Er wollte wirklich
nicht unhöflich sein, aber sie ging ihm wahnsinnig auf die Nerven.

„Wie findest du meine Weihnachtsdeko?", fragte sie mitten in seine Gedanken hinein.

„Ach, die ist von dir? Äh – hübsch."

Sie strahlte. „Ich dachte, ein bisschen festliche Stimmung lockt mehr Kunden an und macht es hier gleich viel gemütlicher." Sie klimperte mit ihren dick getuschten Wimpern und ließ keinen Zweifel daran, dass er derjenige war, dem ihre Aufmerksamkeit galt. Felix schwitzte.

„Was machst du an Weihnachten?", erkundigte sich Jana, wobei sie mit einer Haarsträhne spielte. Sie wickelte sie immer wieder um ihren Finger, Felix konnte kaum seinen Blick davon lösen. Er fühlte sich wie ein Kaninchen vor einer Schlange.

„Bin voll ausgebucht", nuschelte er. Bloß nicht zurückfragen; sie würde es glatt fertig bringen, sich bei ihm einzuladen.

„Schon Weihnachtskarten geschrieben?", hakte sie weiter nach. Sie rückte näher zu ihm und Felix wich zurück. Nur noch vier Kopien.

„Nein, ich schreibe keine", entgegnete er schnell, damit sie nicht etwa eine erwartete.

„Och, das ist aber schade", sagte sie schmollend, „ich bekomme sooo gerne Post!" Sie lächelte ihn hoffnungsvoll an: „Wenn du willst, gebe ich dir noch mal meine Adresse."

„Nein, danke." Plötzlich fiel ihm etwas ein. „Sag mal, hast du mir eine Weihnachtskarte geschickt?"

Jana musterte ihn interessiert. „Und wenn ich es hätte?"

„Weiß auch nicht. Also, hast du?"

„Hat dir die Karte denn gefallen?"

„Ja, sie ist sehr schön. Ist sie von dir?"

„Könnte schon sein." Jana lächelte hinterhältig.

Felix musste sie irgendwie zu einer eindeutigeren Aussage bringen. „Ich weiß nicht, ob ich zu dem Treffen kommen kann", sagte er.

Es funktionierte.

„Was denn für ein Treffen?", fragte Jana verstimmt. „Ist die Karte von einer Frau? Will sich da jemand an dich heranmachen?"

Felix schüttelte den Kopf. „Aber nein, ich bin sicher, du bist die Einzige", entgegnete er trocken.

„Du gehst doch nicht hin, oder?"

Felix zog das letzte Blatt aus dem Seitenfach des Kopierers und ging zur Theke, um zu bezahlen. Jana folgte ihm und stellte sich an die Kasse.

„Macht drei vierzig."

Felix zählte das Geld ab.

„Schreibst du mir mal eine E-Mail?", bat Jana. Sie war unheimlich hartnäckig.

„Geht nicht, ich habe gerade keinen Computer", entgegnete Felix. Jana wollte ihm nicht glauben, doch er hatte keine Lust, ihr genau zu erklären, warum, und ließ sie reden.

„Jeder hat heute einen Computer! Wenn du mir nicht schreiben willst, brauchst du mich nicht deswegen anzulügen. Ich verstehe das. Ich will mich dir nicht aufdrängen!" Verständnisvoll legte sie ihre Hand auf die seine und warf ihm einen tiefen Blick aus ihren braunen Augen zu. „Aber wir passen so gut zueinander. Wir wären ein absolutes Traumpaar! Wenn du das nur endlich einsehen würdest."

Felix schüttelte ihre Hand ab und flüchtete nach draußen. In der frischen Winterluft atmete er ein paar Mal tief durch. Er hatte es wieder einmal geschafft. Jana war zwar hübsch, aber nicht sein Typ. Sie hingegen war der festen Überzeugung, dass sie das perfekte Paar ergäben. Wie sollte er ihr jemals klarmachen, dass er keine Gefühle für sie hatte? Sie war so unbelehrbar, man konnte einfach nicht vernünftig mit ihr reden. Und so kurz vor Weihnachten wollte er auch nicht grob zu ihr werden. Vielleicht sollte er sich doch einen anderen Copyshop suchen. Allerdings hatte er nicht viel Geld; ein paar eingesparte Cent waren ihm die Unannehmlichkeiten bisher wert gewesen. Er war doch ein Mann, nicht wahr? Er konnte das aushalten! Andere wären froh, wenn ihnen eine Frau so zu Füßen läge!

Während er durch die Abenddämmerung zum Studentenwohnheim lief, machte er sich Gedanken über Jana. Er könnte versuchen, sie von sich abzulenken, indem er ihr etwas schickte – ein kleines Weihnachtsgeschenk zum Beispiel – und als Absender einen anderen Namen angab. Vereinzelte Schneeflocken begannen vom Himmel zu fallen, ganz leise und sanft. Felix verwarf die Idee wieder. Die kalten Kristalle blieben auf seinem Gesicht haften, wo sie schmolzen und ihn leicht kitzelten. Er sollte einfach jeden Tag für sie beten und sich ansonsten so normal wie möglich verhalten.

Ein leises Miauen drang an sein Ohr und verwirrte ihn. Felix hielt inne und lauschte, ob er es noch einmal hörte. Ja, ganz eindeutig, irgendwo saß eine Katze. Er schaute sich um. Neben ihm wuchs kniehoch ein dichtes, immergrünes Gebüsch. Felix kam sich ziemlich lächerlich vor, als er begann, im Gestrüpp herumzusuchen, und tat sein Bestes, die skeptischen Blicke der anderen Passanten zu ignorieren. Zwei große Augen funkelten ihn an. Der Himmel mochte wissen, wie die Katze in dieses Geäst geraten war, jedenfalls kam sie alleine nicht mehr heraus. Felix verschrammte sich die Hände sehr gründlich bei seinen Befreiungsbemühungen, doch am Ende zog er das pelzige Bündel heraus und nahm es auf den Arm.

„Na du? Du bist ja eiskalt. Hast du dich verlaufen?" Die Katze schaute ihn nur an und gab keine Antwort. Was blieb ihm anderes übrig, als das schwarz-weiß gefleckte Tier mit zu sich zu nehmen? Er trug es nach Hause, wo es schnellstens unter das Bett flüchtete. Von dort kroch die Katze im Laufe des Abends immer näher zur Heizung hin, wann immer sie sich unbeobachtet fühlte.

Felix schaute ihr schmunzelnd zu. Er durfte im Wohnheim keine Tiere halten, aber niemand konnte allen Ernstes von ihm erwarten, dass er seinen Weihnachtsgast wieder vor die Tür setzte. Jedenfalls nicht, bevor das Fest vorbei war. Danach konnte er sich immer noch überlegen, was er mit seinem Fund tun sollte. Draußen schneite es inzwischen heftig. „Da hast du ja Glück gehabt, dass ich dich entdeckt habe", sagte Felix zu dem Tier, das ihm dieses Mal sogar eine Antwort zumiaute. „Wir werden ein schönes Weihnachtsfest haben", erklärte Felix.

Die Katze fing an zu schnurren und es hörte sich fast an wie „Leise rieselt der Schnee". Dann kam sie plötzlich zu ihm und rieb sich an seinem Bein. „Hoppla", meinte Felix, der nicht mit solch einer raschen Annäherung gerechnet hatte. „Weißt du was? Ich glaube, ich nenne dich Jana. Das passt doch irgendwie." Er grinste die Katze an und freute sich.

8

Die Ware Weihnacht ist nicht die wahre Weihnacht!

Kurt Marti

Hängt ihn höher!" Xavier Wohlfahrt fand den Spruch jedes Mal wieder witzig und verwendete ihn daher gerne und oft. Die beiden Männer, die das schwere Bild hochhievten, fanden ihn gar nicht mehr lustig; sie hatten ihn einfach zu oft gehört. Xavier achtete nicht auf die verdrossenen Mienen, sondern verlangte pingelig, wie er nun einmal war, millimetergenaue Arbeit. Endlich hing das Kunstwerk richtig. Es war das letzte Exponat der neuen Ausstellung, die am nächsten Tag beginnen sollte. Mit Vernissagen in der Adventszeit hatte Xavier gute Erfahrungen gemacht. Die Leute waren ohnehin unterwegs und schauten gerne bei ihm vorbei und etliche waren geradezu versessen darauf, sich zum Fest etwas Besonderes zu gönnen. Da durfte es auch gerne mal ein teures Original von einem Künstler sein, der gerade dabei war, ganz groß herauszukommen.

So wie Otto Paul. Das war ein Künstlername; Xavier hatte dem jungen Mann dazu geraten, der in Wirklichkeit Günther Meier hieß – nicht eben ruhmesverdächtig. Otto Paul dagegen klang nach vielem – es war einfach zu merken und ging leicht von der Zunge, aber gleichzeitig assoziierte man mit Otto Größe. Xavier war sowieso ein Fan davon, einen Vor- zum Nachnamen zu machen, das war so herrlich unprätentiös. So ergab sich ein immanenter Widerspruch in Otto Paul. Die Bilder des jungen Künstlers waren von einer schlichten Schönheit, einer Mischung aus Gegenständlichkeit und Abstraktion, bei der er viel mit Farben arbeitete. Otto hatte eine Vorliebe für Rot und Gold, daher fand Xavier eine Ausstellung zur Weihnachtszeit durchaus passend. Die Aussagen der Werke mochten zwar nicht unbedingt Friede und Freude sein, doch vielen seiner Kunden würde das überhaupt nicht auffallen. Sie würden die Farben mögen und er war schließlich Geschäftsmann und kein Kunsterzieher.

Es war wahnsinnig schwer, originelle Künstler zu finden. Xavier sah bei aller Liebe zum Profit doch auch immer noch einen Teil seiner Berufung darin, Künstler zu entdecken. Er wollte etwas Neues, etwas Einzigartiges, etwas, das er lange nicht mehr gesehen hatte. Otto Paul war gut, natürlich; er würde seinen Weg machen und Liebhaber finden. Aber er war nicht das, was die Leute absolut umwarf. Vor einem Bild zu stehen und überwältigt zu sein – das hatte Xavier schon ewig nicht mehr erlebt. Vielleicht war er einfach zu anspruchsvoll. Aber er sah nicht ein, warum er Abstriche machen sollte. Er konnte beurteilen, was gut, was schlecht und was herausragend war. Nur weil die Welt voll mediokrer Künstler war, musste er doch nicht seinen Geschmack verwässern lassen, oder? Er würde eben weitersuchen, bis er ein Genie fand. Er hatte schließlich Zeit dafür; im Grunde, bis er starb. Aber es wäre schön, bei seinem Tod zu wissen, dass er wenigstens einem Jahrhundert- oder Jahrtausendkünstler zu seinem Platz in der Welt verholfen hatte.

Nachdem die Gehilfen, die Otto Pauls Werke aufgehängt hatten, weg waren, gab es für Xavier noch reichlich zu tun. Nur noch vierundzwanzig Stunden bis zur Ausstellungseröffnung – die Bilder mussten perfekt ausgeleuchtet und die Räumlichkeiten hergerichtet werden. Er hatte eine Cateringfirma mit dem Ausschank von Getränken – hauptsächlich Sekt – und dem Darreichen von Häppchen beauftragt, also musste er sich darum nicht selbst kümmern. Aber es galt, noch die Bistrotische aus dem Keller zu holen, am nächsten Tag die Putzfrau zu beaufsichtigen, Fotos zu machen, herumzutelefonieren, die Presse zu hofieren und seine wichtigsten Kunden zu umschmeicheln. Zuerst musste Xavier jedoch noch einiges am Computer erledigen.

In seinem Büro standen bereits unzählige Weihnachtskarten herum, obwohl er selbst aus Prinzip nie auch nur eine einzige verschickte. Die Leute liebten ihn eben. Er war wichtig, nein, einfach großartig, vielleicht ein bisschen exzentrisch, aber das stand ihm gut. Gelegentlich fragte er sich allerdings, wieso den Frauen bisher entgangen war, welch ein umwerfender Typ er war. Wenn ihm außer dem großen Wurf seiner Karriere etwas fehlte, dann eine Seelengefährtin, die ihn verstand und ihm ebenbürtig war. Er hatte einiges zu bieten, doch er war eben auch anspruchsvoll und wollte nicht einfach die erstbeste Frau, die sich ihm an den Hals warf.

Xaviers Blick wanderte zu der Tüte mit Weihnachtsplätzchen, die auf seinem Schreibtisch stand. Eine Stammkundin hatte sie heute vorbeigebracht. Er bekam nicht nur jede Menge Karten, sondern auch Selbstgebackenes in Massen. Wenn er sich nicht täuschte, waren zwei weitere dieser durchsichtigen Tütchen mit aufgedruckten Sternen und Tannenzweigen in einer der Schubladen. Xavier holte sie hervor und öffnete alle drei. Dann fischte er darin herum. Buttergebäck, Vanillekipferl und Terrassenplätzchen waren gut; Dominosteine auch, fand er aber selten. Makronen, Anisplätzchen und Zimtsterne blieben in den Tütchen, während er alles, was er mochte, herausholte und auf einen Teller legte. Dann schüttete er den Rest in der größten Tüte zusammen, mischte alles vorsichtig und band sie mit einem der Bändchen zu. Prima, nun hatte er etwas, was er seiner Putzfrau schenken konnte. Das war der Vorteil, wenn man so viele Plätzchen geschenkt bekam: Man konnte die, die man mochte, heraussuchen, und den Rest weiterverschenken. Auf diese Weise musste er nichts wegwerfen und hatte noch einige Geschenke, die er großzügig an Bekannte verteilte.

Mit den Plätzchen war es eigentlich wie mit den Kunstwerken: Es gab unheimlich viele, jeder machte seine ganz individuellen – aber richtig gut, sodass man verzückt die Augen schließen und immer mehr davon essen wollte, waren fast nie welche. Es war im Grunde erstaunlich, wie viele absolut ungenießbare oder fad schmeckende Plätzchen die Leute produzierten. Xavier fragte sich jedes Jahr aufs Neue, ob die Dinger denjenigen, die sie gebacken hatten, überhaupt selbst schmeckten. Vielleicht machten die es auch so wie er und behielten die gut geratenen für sich selbst, während sie die grässlichen verschenkten. Blieb die Frage, warum überhaupt jemand freiwillig schlecht schmeckende Plätzchen backte.

Xavier überlegte, ob er nicht vielleicht noch einen Weihnachtsbaum in der Galerie aufstellen und in den vorherrschenden Farben der Bilder Otto Pauls schmücken sollte. Er hatte Geschäftskontakte zu einem Dekorateur, den er sicherlich so kurzfristig überzeugen konnte, am nächsten Tag noch schnell zu kommen. Ja, warum nicht? Das konnte die

Kauflaune nur heben. Xavier rief bei dem Mann an, doch der wollte unverständlicherweise erst ablehnen. Xavier konnte ihn jedoch überreden und versprach ihm ein paar Plätzchen. Als er aufgelegt hatte, fiel ihm ein, dass er ja auch noch seinen Nachbarn und seinem Paketlieferanten etwas geben wollte. Blieb ihm nur zu hoffen, dass in den nächsten Tagen noch ein paar Portionen Selbstgebackenes eingehen würden.

Gänzlich ungeklärt war auch noch die Frage, wo er sich dieses Jahr zu Weihnachten einladen würde. Er hatte es zu seiner ganz eigenen Tradition gemacht, Heiligabend bei Freunden oder Bekannten zu essen und den ersten Feiertag bei jemandem aus der Familie zu verbringen. Allerdings hielt er nichts davon, lange im Voraus zu planen. Er war in dieser Sache lieber spontan. Das größte Zugeständnis war ein kurzer Anruf am Tag vorher, um Bescheid zu sagen, dass er kommen würde. Er achtete auch sehr darauf, jedes Jahr woanders zu sein, denn sonst würde es langweilig werden. Er kannte so viele Leute, dass es einfach zu schade wäre, immer nur dieselben zu beglücken. Nein, er wollte, dass alle einmal das Vergnügen hatten. Außerdem war es so auch lustiger für ihn, weil er nie wusste, was ihn erwartete.

Es war erstaunlich, wie unterschiedlich die Leute den Abend des 24. Dezembers verbrachten. Obwohl das Rahmenprogramm vorwiegend gleich war – essen, Bescherung, manchmal singen, spielen, fernsehen –, waren die Details doch in jedem Haushalt verschieden. Den deprimierendsten Heiligabend hatte er bei einem alten Schulfreund erlebt, der gerade geschieden worden war. Den interessantesten bei einer Familie mit zehn Kindern, die zwei Häuser weiter wohnte. Den verwirrendsten bei einem Ehepaar, das Besuch von einigen Verwandten aus der ganzen Welt hatte und ganze fünfmal in die Kirche gegangen war, um Gottesdienste in verschiedenen Sprachen zu besuchen.

Xavier schwang seinen Drehstuhl herum, um sich am Computer zurechtzusetzen. Dabei riss er einige der Weihnachtskarten herunter. Sorgfältig hob er sie auf und stellte sie zurück an ihren Platz, darunter eine recht auffällige rote mit einem großen Weihnachtsbaum auf der Vorderseite. Er fand sie ziemlich kitschig, wie überhaupt die meisten. Ihm ging die Idee durch den Kopf, eine eigene Weihnachtskartenkollektion herauszubringen. Vielleicht konnte er ein paar seiner Künstler dazu bewegen, ein Weihnachtsmotiv zu gestalten. Dabei würden garantiert einige neue Ansätze zu der abgedroschenen Thematik herauskommen. Bevor er den Gedanken weiterverfolgen konnte, klingelte es an der Tür.

Draußen stand ein Weihnachtsmann. Xavier schloss die Glastür auf und öffnete sie.

„Wir haben geschlossen", sagte er.

„Fröhliche Weihnachten! Ho ho ho!", entgegnete der Weihnachtsmann ungerührt. „Ich komme im Auftrag von Frau von Winterberg, die Ihnen ein frohes Fest wünscht."

Frau von Winterberg, dachte Xavier, das sah ihr ähnlich. Sie war eine seiner zahlungskräftigsten Kundinnen und hatte offensichtlich in diesem Jahr einen Weihnachtsmann engagiert. Dieser pumpte seinen Brustkorb auf, räusperte sich und fing dann an, aus vollem Hals zu singen: „Morgen kommt der Weihnachtsmann ..." Draußen war es kalt, Xavier fror und der Mann sang total schief, aber der Galerist blieb höflich und ließ ihn sein Lied beenden. Als es endlich vorüber war, sagte Xavier: „Danke, das war ja eine schöne Überraschung ..."

Der Weihnachtsmann fing ein neues Lied an, dieses Mal „Ihr Kinderlein kommet". Darauf folgte noch ein drittes: „Süßer die Glocken nie klingen".

Die Leute, die vorübergingen, schauten erstaunt auf den singenden Weihnachtsmann. Ein paar blieben stehen und trotzten den falschen Tönen, manche lachten. Endlich verstummte der Mann und sah Xavier erwartungsvoll an. Der wusste nicht, was er tun sollte, und beschloss, zu applaudieren. Die Passanten, die stehen geblieben waren, klatschten mit und gingen weiter.

„Sie sind doch Herr Wohlfahrt?", fragte der Weihnachtsmann.

Xavier bejahte.

„Dann habe ich hier noch etwas für Sie." Der Mann zog etwas aus seinem Sack und reichte es Xavier.

„Danke", meinte dieser überrascht.

Der Weihnachtsmann verabschiedete sich und ging. Xavier schloss die Tür wieder ab und trug die schwere Tüte in sein Büro. Dort öffnete er die Schleife und sah hinein: Ein großer Berg Weihnachtsplätzchen war darin. „Die gute Frau von Winterberg", murmelte er erfreut und holte die zwei Plastiktütchen, die er vorher leer gemacht hatte, wieder aus dem Mülleimer.

Tante Ingrids Butterplätzchen

Zutaten:
250 g Butter
250 g Zucker (fein)
evtl. abgeriebene Schale einer Zitrone
500 g Mehl
8 Eigelb
evtl. extra Eigelb zum Bestreichen

Zubereitung:
Die Butter schaumig weiß schlagen, den Zucker daruntergeben, dann die Eigelbe unterrühren, bis die Masse leicht und locker ist. Die Zitronenschale dazugeben und das Mehl einsieben, alles gut durchkneten. Gut kühlen im Kühlschrank. Wenn der Teig nach dem Kühlen noch zu klebrig ist, Mehl dazugeben. Teig auf einer bemehlten Fläche ausrollen (Dicke nach Belieben, die Plätzchen sind aber sehr fein, wenn man sie nicht zu dünn macht). Die Plätzchen ausstechen, auf ein Backblech setzen und (wenn gewünscht) mit Eigelb bepinseln. Bei 190°C hellgelb backen.

9

Es gibt so wunderweiße Nächte,
drin alle Dinge silbern sind.

Rainer Maria Rilke

Der unberührte Schnee lag auf den Wiesen, die sich vor ihr aus-
breiteten, und glitzerte im Sonnenlicht so hell, dass es sie blen-
dete. Der Himmel strahlte in seinem schönsten Blau, der Frost biss sie
in die Nase und ihr Atem stieg in kleinen Wölkchen auf. Nur noch zwei
Wochen bis Weihnachten, ihrem liebsten Fest neben ihrem Geburtstag.
Es würde grandios werden: Manuel, der große, blonde, unglaublich
gutaussehende Junge aus ihrer Klasse, für den sie schon seit Monaten
schwärmte, hatte sie endlich eingeladen! Sie würde mit seiner Familie feiern, alle würden sie schnell ins Herz schließen, da war sie sich
ganz sicher. Es würde unheimlich lustig werden, es gäbe haufenweise
Geschenke, sie würden mit dem Pferdeschlitten zur Kirche fahren und
abends, wenn es draußen schon lange dunkel war und alle anderen nebenan saßen und ihr munteres Gelächter leise durch das Haus erscholl,
würde Manuel sie vor dem schimmernden Weihnachtsbaum an sich
ziehen, ihr tief in die Augen sehen und langsam seine Lippen sanft
auf die ihren drücken. Ihr erster Kuss! Ein wohliger Schauer durchlief
Sophie. Sie drückte ihre Fersen in Blue Boys Flanken, ließ die Zügel
durch ihre Hände gleiten und lehnte sich nach vorne. Ihr Pferd preschte
los und sauste in trommelndem Galopp so schnell über die Schneede-
cke, dass die weiße Pracht nach allen Seiten davonstob.

„Sophie?" Frau Schachner sah sie ungeduldig an. „Weißt du es oder
nicht? Wenn nicht, muss ich dir jetzt leider eine mündliche Sechs geben."

Sophie starrte die Lehrerin mit schreckgeweiteten Augen an. „Äh …
Wie war die Frage?"

Die schlanke Frau, die vor der Tafel stand, seufzte. „Ich weiß, dass
du wieder einmal geträumt hast. Du warst regelrecht weggetreten.

45

Aber so geht das nicht weiter, Sophie. Du musst dich am Unterricht beteiligen und deine Hausaufgaben machen."

„Aber ich habe die Hausaufgaben doch", protestierte Sophie schwach.

„Die Frage lautete: Wann war der dreißigjährige Krieg?"

In Sophies Kopf breitete sich eine entsetzliche Leere aus. Sie hoffte, dass von irgendwoher eine Jahreszahl aufpoppen würde, doch der Dunst, der sich ihr Gedächtnis nannte, blieb reglos und blass.

„Es tut mir leid, Sophie, aber das hast du ganz allein dir selbst zuzuschreiben." Frau Schachner ging zu ihrem Tisch, schlug ihren Kalender auf und schrieb etwas hinein, das verdächtig nach einem Kringel aussah. Sophie spürte Tränen hinter ihren Lidern drücken.

Der Heimweg zog sich an diesem Tag sehr in die Länge, denn Sophie trödelte. Sie wollte niemandem von der miserablen Note erzählen müssen. Am liebsten hätte sie den ganzen Vormittag komplett ausradiert. Sie wusste ja, dass sie zu viel träumte, aber das war schließlich das Einzige, was sie ganz für sich hatte. Und ihre einzige Möglichkeit, überhaupt jemals auf einem Pferd zu sitzen. Sie liebte Pferde. Sie hätte ihr ganzes Taschengeld dafür hergegeben, Reitunterricht nehmen zu können, doch es ging einfach nicht. Reitstunden waren so teuer, ihr Geld reichte nie dafür aus; höchstens für eine Pferdezeitschrift ab und zu.

Als sie die Wohnungstür öffnete, hörte sie Niklas und Tim brüllen. Sie versuchte, sich unbemerkt in ihr Zimmer zu schleichen, doch ihre Cousins entdeckten sie.

„Sie ist da, Mama", brüllte Tim und stürzte sich auf sie, um sie zu Boden zu reißen.

„Hör auf, geh weg!", protestierte Sophie und wehrte sich mit aller Kraft gegen den kleinen Jungen, der an ihr hing.

Niklas tanzte vor ihr herum und schwenkte etwas durch die Luft. „Sophie hat einen Brief bekommen, Sophie hat einen Brief bekommen", sang er dabei aus voller Kehle.

„Gib ihn mir!", schrie Sophie und versuchte, den roten Umschlag zu erwischen, doch Tim hing immer noch an ihr und zerrte sie in die andere Richtung, und Niklas war einfach zu schnell. „Tante Marion!", rief Sophie hilflos.

Eine kleine, rundliche Frau kam aus der Küche. Sie trug eine Schürze und sah aus, als fühlte sie sich gestört. „Ach Sophie, du musst lernen, dich endlich durchzusetzen. Ich kann nicht immer da sein und dir helfen. Du musst dich selbst behaupten. Die beiden sind doch viel kleiner als du!"

Sophie wusste genau, was über sie hereinbrechen würde, sollte sie sich tatsächlich gegen ihre Cousins durchsetzen. Ihre Tante drehte sich einfach um und ging zurück in die Küche. Tim begann, an Sophies Haaren zu ziehen. Das brachte das Fass zum Überlaufen. Sie verpasste ihm mit dem Ellbogen einen ordentlichen Hieb in die Rippen und der Quälgeist sackte fassungslos zu Boden. Im nächsten Moment verzog er das Gesicht und plärrte los. Tante Marion kam zurückgeeilt.

„Was ist denn nun wieder? Sophie, was hast du getan?"

„Wieso soll ich etwas getan haben?", maulte Sophie, doch sie wurde übertönt von Tims „Sie hat mich geschlagen! Sie hat mich geschlagen!".

„Darüber sprechen wir noch!", kündigte ihre Tante an, dann schleppte sie ihren weinenden Sohn ins Wohnzimmer.

Sophie riss Niklas den Brief aus der Hand und verzog sich in ihr Zimmer. Vor ziemlich genau vier Jahren waren ihre Eltern bei einem Unfall umgekommen und seither lebte sie bei ihrer Tante Marion, der Schwester ihres Vaters. Diese war Hausfrau und kümmerte sich um die Kinder, Onkel Markus arbeitete in einer Fabrik. Er verdiente gerade genug, dass sie davon leben konnten; vor allem, seit sie Sophie bei sich hatten. Ihre beiden Cousins waren aufsässige, verzogene Jungs, fand Sophie, aber Tante Marion und Onkel Markus wollten das nicht einsehen.

Das erste Weihnachtsfest ohne ihre Eltern hatte Sophie so gut wie möglich aus ihrem Gedächtnis verbannt, und wenn sie doch daran dachte, bekam sie Bauchschmerzen und ein ganz beklemmendes Gefühl in der Brust. Keines der letzten Weihnachtsfeste war wirklich schön gewesen, und auch das kommende würde wieder eine Enttäuschung werden. An Weihnachten vermisste sie ihre Eltern besonders stark.

Sophie betrachtete den roten Umschlag in ihrer Hand. Sie bekam sonst nie Post. Wer sollte ihr schon schreiben? Doch dann fiel ihr ein, dass sie bei einem Preisausschreiben mitgemacht hatte. Der Hauptgewinn waren zwei Wochen Urlaub auf einem Reiterhof, das höchste Glück, das sie sich auf dieser Erde vorstellen konnte – außer ihre Eltern wiederzuhaben, natürlich. Das musste die Benachrichtigung sein. Ganz sicher, der Gewinner musste einen so schönen Brief bekommen, damit er dem Inhalt entsprach. Ungeduldig riss sie das dicke Papier auf und zog die Karte heraus. Es kam ihr nun doch merkwürdig vor, dass jemand einen solchen Aufwand betreiben würde, um über einen Gewinn zu informieren, aber immerhin war bald Weihnachten, warum also nicht. Sie klappte die Karte auf und fing an zu lesen.

Mit jedem Wort wurde ihre Enttäuschung größer. Kein Reiterhof, keine Pferde, keine zwei Wochen Ferien weit weg von ihren Cousins. Weihnachten würde wieder nur öde werden. Nun, wenn sie trotzdem zu diesem vorgeschlagenen Treffen ging, hatte sie wenigstens einen Vorwand, sich für einige Zeit zu verdrücken. Es war immerhin etwas, worauf sie hinfiebern konnte, um sich so von dem üblichen Festtagsgetue abzulenken. Und ansonsten hatte sie ja auch noch Blue Boy, ihr Fantasiepony. Sophie legte sich auf ihr Bett und schloss die Augen. Ja, es war in der Tat ein herrlicher Tag zum Ausreiten ...

10

Nur mitunter, windverloren, zieht ein Rauschen durch die Welt
und ein leises Glockenklingen wandert übers stille Feld.

Wilhelm Lobsien

Lea sah auf die Uhr, trommelte ungeduldig mit den Fingern auf dem Tisch, stand auf und drehte ein paar Runden durch den Raum. Sie hatten nur noch knapp zwei Wochen Zeit bis zum Vierundzwanzigsten. und waren weit davon entfernt, das Stück zu beherrschen. Wo war nur ihre Theatergruppe? Pünktlichkeit war nicht die Stärke ihrer Leute, so viel war klar. Sie hatte noch zwei Proben und die Generalprobe angesetzt – eigentlich zu wenig, aber sie würden das Beste daraus machen, so wie sie es immer taten. Lea nutzte die Zeit, um ihren Babysitter anzurufen und zu hören, ob alles in Ordnung war. Es schien ihr jedes Mal wie ein Wunder, wenn sie jemanden fand, der auf die zweijährigen Zwillinge aufpasste. Auf die Dauer war das kein Zustand. Sie brauchte jemanden, der öfter zur Verfügung stand, zuverlässig war und an den sich ihre beiden Jungs gewöhnen konnten.

Monika und Ulrike kamen herein und begrüßten Lea, die gerade beruhigt ihr Telefonat beendete, dicht gefolgt von Niko und Lars. Als Letzte kam Michaela hereingehuscht, die sich damit entschuldigte, dass sie bei ihrem Vater im Heim gewesen war.

„Na schön", rief Lea, „dann lasst uns gleich anfangen. Kann dieses Mal jeder seinen Text?"

„Äh", machte Lars, „noch nicht so richtig."

„Ich kann ihn halb", verkündete Monika.

„Ich werde improvisieren", erklärte Niko todesmutig und zog sich damit einen vernichtenden Blick der Leiterin zu.

„Also echt, Leute, so können wir uns doch nicht auf die Feinheiten des Stückes konzentrieren. Ihr werdet nur damit beschäftigt sein, auf eure Zettel zu schauen! Was ist mit dir, Ulli? Michaela?"

Letztere zuckte müde mit den Schultern, was vermutlich heißen sollte, dass ihr Text auch noch nicht saß, aber wenigstens Ulrike behauptete, alles auswendig zu können.

„Also, auf die Bühne mit euch. Ihr wisst ja, wie ihr alles arrangieren müsst."

Es folgte der Aufbau des improvisierten Bühnenbildes, dann waren die Laienschauspieler endlich bereit.

„Okay, fangt an!", ermunterte Lea nach einem kurzen gemeinsamen Gebet Ulrike und Niko, die am Anfang des Stückes allein auf der Bühne agierten.

„Wie weit bist du mit dem Baum?", legte Ulrike los und warf einen Blick auf ihren Mitspieler, während sie selbst die Löffel auf das Tischtuch legte.

„Äh ...", machte Niko. Er hatte einen Hänger, noch ehe er richtig begonnen hatte.

„So gut wie fertig", soufflierte Lea.

Niko nickte und wiederholte die Worte, doch als kurz darauf das Klingeln von einer CD ertönte und er zur symbolisch dargestellten Tür eilen wollte, verfing er sich in dem Plastikweihnachtsbaum und riss ihn um.

„Oh, sorry", sagte er beschämt, während sich Ulrike, Michaela, Monika und Lars ausschütteten vor Lachen. Auch Lea musste schmunzeln, obwohl sie innerlich den Kopf schüttelte. Schnell bauten sie den Baum wieder auf, dann ging es weiter.

„Ihr kommt rein und begrüßt einander", wies Lea die fünf Akteure an.

Es entstand ein großes Durcheinander auf der Bühne, als jeder jeden begrüßen wollte. Michaelas Schal fiel herunter und Monika und Ulrike stießen mit den Köpfen zusammen, als sie sich danach bückten. Die beiden tasteten sich nach etwaigen Beulen ab, aber es war nichts Schlimmes passiert. Als sie die Suppe ausschenken wollte, stieß Monika die Terrine um und das Wasser ergoss sich über den Tisch auf den Fußboden und Lars' Hose.

„Mensch, pass doch auf!", schrie er und hüpfte davon.

Michaela eilte, ein paar Handtücher zu holen, und Lea nutzte die Gelegenheit, um auf die Bühne zu gehen und den übrigen Schauspielern ins Gewissen zu reden.

„Was ist los mit euch? Seid ihr nervös? Überfordert? Im Unterzucker?"
Die drei schüttelten betreten die Köpfe.

„Keine Ahnung", meinte Niko, „das ist einfach noch so ungewohnt.
Wir müssen es noch ein paar Mal durchspielen."

„Das würde ich auch gern", erwiderte Lea seufzend, „wenn wir das
Stück jemals bis zum Ende durchbekommen sollten."

Die nächsten Minuten verliefen ohne weitere Zwischenfälle, wenn
man vom vielen Stottern und dem Suchen nach dem Text absah. Doch
als es darum ging, den Streit im Stück glaubhaft darzustellen, traute
sich Ulrike nicht, lauter zu werden.

„Du musst dir vorstellen, dass du jetzt wirklich verärgert bist. Deine
Schwester und deine Mutter haben die ganze Zeit nur auf dir herum-
gehackt und du hast das ertragen. Aber jetzt ist das Fass voll und läuft
über. Du merkst, dass dein Mann sich schon unheimlich aufregt über
die Unverschämtheiten eurer Gäste, und du willst ihn unterstützen, du
bist auf seiner Seite. Du fängst noch halbwegs normal an, aber dann
steigerst du dich rein und wirst laut, sogar richtig hysterisch. Also noch
einmal." Lea sah Ulrike erwartungsvoll an.

Ulrike hob sanft an: *„Ach komm, ihr seid doch jedes Jahr bei uns ... "*
Sie zögerte. Lea nickte ihr heftig zu und wedelte mit der Hand als Zeichen, dass sie ab jetzt lauter werden sollte.

„Ihr denkt doch gar nicht daran ... " Der Rest ging in einem Flüstern
unter.

„Nein, *lauter*! Du sollst *lauter* werden."

„Aber ich schreie nicht gern. Ich werde eigentlich nie laut und ich
mag keinen Streit. Kann ich die Rolle nicht lieber wie eine vernünftige,
besonnene Frau spielen, die *nicht* laut wird?"

Lea nagte verzweifelt an ihrer Unterlippe. „Nein, Ulli, das passt
doch gar nicht. Im Stück ist vorgesehen, dass alle in Streit geraten; da
kannst du nicht als Einzige ruhig bleiben, weil sonst die Pointe nicht
mehr stimmt."

„Aber ich kann nicht schreien."

„Du musst auch nicht schreien, nur lauter sprechen."

Ulrike bekam schon fast Tränen in die Augen. „Aber das kann ich
nicht."

Die anderen fingen an, sich zu langweilen, und flüsterten miteinander.

„Komm mal zu mir", forderte Lea Ulrike auf, die mit hängenden Schultern zu ihr herunterkam. „Gab es nicht irgendwann in deinem Leben eine Situation, wo du laut geworden bist? Egal wann oder bei welcher Gelegenheit, vielleicht als Kind? Oder als Jugendliche?"

Ulrike grübelte eine Weile, dann nickte sie. „Doch, einmal. Ein Mitschüler in der Grundschule wollte mir meine Puppe wegnehmen. Ich hatte sie ausnahmsweise an diesem Tag dabei. Sie hat mir sehr viel bedeutet."

„Gut, und was hast du zu ihm gesagt?"

„Ich habe ihn angebrüllt, er solle seine Pfoten von ihr lassen."

„Schön, dann stell dir vor, du bist in der Grundschule und hast deine Puppe dabei. Hier, das ist sie." Lea drückte ihr eine zusammengerollte Zeitschrift in die Hand. „Du liebst diese Puppe über alles, sie ist dein kostbarster Besitz. Und nun komme ich, ein schmieriger kleiner Störenfried, der dir aus lauter Boshaftigkeit die Puppe wegnehmen will. Du weißt genau, wenn ich sie in die Finger bekomme, hat ihre letzte Stunde geschlagen, denn ich liebe es, Puppen den Kopf abzureißen."

Lea griff nach der Zeitschrift und zerrte daran. Sie hatte damit gerechnet, sie Ulrike leicht entwenden zu können, doch die klammerte das Heft mit aller Kraft an sich und plötzlich riss sie den Mund auf und schrie:

„Lass los! Nimm die Finger weg oder ich verprügle dich!"

Lea ließ überrascht los und stolperte nach hinten an die Wand. Die anderen waren verstummt und starrten Ulrike an, die zufrieden grinste.

„Wow! Das war gut. So ähnlich hatte ich es mir vorgestellt", stammelte Lea.

Den Rest des Stückes brachten sie recht gut hinter sich, wenn man einmal davon absah, dass die Geräusche-CD beim Glöckchenklingeln ihren Dienst versagte. Sie spielten „Friede auf Erden" noch mehrere Male durch und mit jedem Versuch klappte es etwas besser, obwohl sie noch sehr, sehr weit von der Perfektion entfernt waren. Nach zwei Stunden hatten alle mehr als genug und wollten nur noch nach Hause. Die Konzentration hatte stark nachgelassen; Lea sah ein, dass im Moment nichts mehr auszurichten war, und beendete schweren Herzens die Probe.

„Bitte", bläute sie ihren Darstellern ein, „lernt eure Texte bis zum nächsten Mal! Wir müssen uns unbedingt mehr mit eurer Interaktion und der Gestik beschäftigen. Im Moment sieht das Ganze noch aus wie ein Holzfigurentheater."

„Wer wird bei der Aufführung soufflieren?", fragte Niko, doch Lea lehnte einen Souffleur rigoros ab.

„Niemand, ihr *müsst* den Text beherrschen!"

Großes Aufseufzen war die Reaktion. „Und wenn jemand hängen bleibt?"

„Daran dürft ihr nicht denken. Bisher ist noch nie jemand während einer Aufführung hängen geblieben. Aber wir können nächstes Mal ein paar Übungen dazu machen, damit ihr wisst, wie ihr euch über einen Hänger hinwegretten könnt."

Die Begeisterung hielt sich in Grenzen. Die Gruppe löste sich auf, Lea schloss alles ab und hetzte zu ihrem Auto, um schnell nach Hause zu fahren. Vielleicht war ihr Mann schon zurück und hatte Abendbrot gemacht. Ihr Magen knurrte bedenklich, denn sie hatte vor der Probe keine Zeit mehr gehabt, etwas zu essen. An einer Ampel musste sie warten und durchwühlte ihre vollgestopfte Tasche auf der Suche nach etwas Essbarem. Wenigstens ein Bonbon musste doch noch da sein! Ein dicker, roter Briefumschlag fiel ihr in die Finger und verschwand gleich wieder im Durcheinander. Vor ein paar Tagen hatte sie ihn, als sie es sehr eilig hatte, in ihrer Hast aus dem Briefkasten direkt in die Tasche gestopft. Sie hatte keine Ahnung, wer ihr schreiben sollte, aber derjenige hatte Glück, wenn sie irgendwann lange genug an den Brief dachte, um ihn aus der Tasche zu fischen und zu lesen.

Lea fand kein Bonbon und auch sonst nichts Essbares. Hungrig wie ein Wolf erreichte sie ihr Haus, ein riesiges Gebäude, das der Familie ihres Mannes gehörte und viel zu groß für nur eine Familie war. Vielleicht sollten sie darüber nachdenken, ein paar Zimmer zu vermieten. Aber erst nach Weihnachten. Sie hatte noch so viel für das Fest vorzubereiten.

Und dann dieses Theaterstück! Lea wagte kaum zu hoffen, dass beim nächsten Treffen die Texte sitzen würden. Aber sie durfte nicht aufgeben; irgendwie würde es schon klappen, so wie immer. Das war schon eine merkwürdige Sache, dass gerade an Weihnachten die Aufführungen immer gut gelangen, egal wie chaotisch die Proben vorher waren. Vielleicht war das so eine Art Weihnachtswunder, ihr persönlicher „Friede auf Erden".

Friede auf Erden

Personen:

Susanna, die Gastgeberin
Angela, ihre Schwester
Ilse, die Mutter der beiden
Clemens, Angelas Mann
Tobias, Susannas Mann

Das Wohn-Esszimmer von Susanna und Tobias. Die beiden sind mit den letzten Handgriffen beschäftigt, um den Tisch zu decken und den Baum zu schmücken, der in einer Ecke steht; es gibt viele Lichter und weihnachtliche Dekoration etc.

Susanna:	Wie weit bist du mit dem Baum?
Tobias:	So gut wie fertig.
Susanna:	Gut, sie können jeden Moment da sein.
Tobias:	Warum können wir nicht *ein Mal* ohne deine Familie feiern?
Susanna:	Ach komm, das ist eben Tradition. Meine Mutter möchte, dass die ganze Familie an Weihnachten zusammen ist.
Tobias:	Wenn nur deine Schwester nicht immer so zickig wäre. Und ihr Mann ist einfach nur erbärmlich mit seinen Erfolgsgeschichten.
Susanna:	Du wirst es überstehen. (*Es klingelt.*) Oh, da sind sie schon. Machst du bitte auf?
Tobias:	(*Geht zur Tür und öffnet, herein kommen Angela und Clemens, außerdem die Mutter der beiden jungen Frauen, Ilse. Allgemeine Begrüßung.*)
Susanna:	Ihr könnt euch gleich setzen, die Suppe ist schon fertig. (*Man nimmt Platz, alle so, dass das Publikum jeden von vorne oder der Seite sehen kann. Susanna fängt an, Suppe auf die Teller zu verteilen.*) Lasst es euch schmecken.
Ilse:	Aber Kinder, wollen wir nicht zuerst beten? Wenn wir

	schon nicht in die Kirche gehen, sollten wir wenigstens fürs Essen danken!
Tobias:	(*Leicht genervt*) Komm, Herr Jesus, sei unser Gast, und segne, was du uns bescheret hast. Amen.
Angela:	Die Suppe ist ganz gut, aber leider ein wenig versalzen.
Clemens:	Ich hätte vielleicht die Zwiebelstückchen weggelassen. Das sind doch Zwiebelstückchen?
Susanna:	Ja.
Tobias:	Also, ich finde die Suppe genau richtig.
Ilse:	Ich hatte dir ja angeboten, eine Suppe mitzubringen. Oder ein Dessert. Was hast du zum Nachtisch gemacht? Hoffentlich nichts Fettes. Du weißt ja, meine Leber.
Angela:	Warum gehst du nicht endlich zum Arzt?
Susanna:	Der Nachtisch ist nicht fett.
Clemens:	Tobias, hast du schon gehört, dass ich mir ein neues Auto gekauft habe? Ein 6er BMW Cabrio in Silber.
Tobias:	(*Trocken*) Prima, gratuliere.
Clemens:	(*Selbstgefällig*) Danke. Nachdem ich im Herbst befördert wurde, war mir so nach Feiern zumute. Angela hat dafür im Keller eine Sauna bekommen.
Angela:	Auf die habe ich auch lange warten müssen. Ganze zwei Jahre! Wolltest du nicht auch immer eine, Susanna?
Susanna:	Ähm ...
Clemens:	(*Noch zu Tobias*) Fürs Frühjahr haben wir schon ein neues Projekt im Auge: Wir wollen im Garten einen Koi-Teich anlegen. Hast du dich schon mal mit Kois beschäftigt?
Ilse:	Sind das nicht Goldfische?
Angela:	(*Ungeduldig*) Oh wirklich, Mutti, das sind doch keine Goldfische! Kois sind groß und unheimlich teuer, aber man kann sie streicheln.
Susanna:	Muss das sein, Angela?
Angela:	(*Zieht die Augenbrauen hoch, kühl*) Der Koi-Teich? Bist du etwa neidisch?
Susanna:	Nein, ich meinte, dass du so herablassend mit Mutter redest.

Ilse:	(*Belehrend*) Wirklich, Susanna, ich kann für mich selbst sprechen. Und ich habe das nicht als herablassend empfunden.
Angela:	(*Zu Susanna*) Sag mal, dieser Pulli ... ist das nicht einer von denen, die ich weggegeben habe?
Susanna:	(*Verlegen*) Schon möglich.
Ilse:	Braucht ihr Geld? Soll ich euch etwas leihen? Tobias, verdienst du nicht genug, dass deine Frau sich mal einen neuen Pullover kaufen kann?
Tobias:	(*Verärgert*) Natürlich verdiene ich genug.
Susanna:	Mutti, bitte! Ich habe den Pullover aus der Tüte genommen, weil er mir so gut gefallen hat. Und er ist doch noch tadellos, es wäre einfach schade gewesen, ihn wegzuwerfen.
Clemens:	Im Sommer möchte ich meinen Segelschein machen. Wäre das nicht auch etwas für dich, Tobias?
Tobias:	Nein, danke, lieber nicht.
Clemens:	Ich könnte dir das Geld vorstrecken, und etwas mehr an der frischen Luft zu sein, würde dir sicher gut tun. Das wirkt sich positiv aus aufs Aussehen und Wohlbefinden und damit letztendlich auf den Erfolg.
Tobias:	(*Wütend, laut*) Jetzt hört mir mal gut zu: Wir sind beide zufrieden und haben genug Geld.
Angela:	(*Höhnisch*) Sieht ganz so aus.
Ilse:	(*Beleidigt*) Wie redest du denn mit uns?
Tobias:	Ihr seid unsere Gäste, also benehmt euch ausnahmsweise bitte einmal höflich!
Clemens:	Na hör mal, wir brauchen uns nicht von euch anschnauzen zu lassen. Wir sind hier, weil wir eingeladen wurden, und nicht, weil wir darum gebeten hätten!
Susanna:	(*Steigert sich langsam rein*) Ach komm, ihr seid jedes Jahr bei uns. Ihr denkt doch gar nicht dran, uns an Weihnachten auch mal zu euch einzuladen, weil euch das viel zu viel Arbeit ist.
Angela:	(*Schrill*) Willst du damit andeuten, ich wäre faul?

Susanna:	(*Sehr aufgebracht*) Ich deute das nicht nur an, es ist so. Schon dein ganzes Leben lang hast du dich lieber ausgeruht und die anderen arbeiten lassen.
Angela:	(*Keifend*) Und du bist zerfressen von Neid. Schon als Kind warst du immer auf mich neidisch, weil ich hübscher und beliebter war als du.
Tobias:	(*Schreit*) Hör auf, so mit meiner Frau zu reden!
Clemens:	(*Schreit ebenfalls und springt von seinem Stuhl auf*) Das lassen wir uns nicht bieten! Wir gehen!
Ilse:	(*Presst sich die Hände auf die Brust*) Mein Herz! Mein Herz!

Mitten in diesem Durcheinander fängt ein Glöckchen an, leise zu klingeln. Alle erstarren in ihrer momentanen Position. Das Glöckchen wird lauter und ein helles Licht strahlt auf, verharrt einen Moment und verschwindet wieder. Das Glöckchenläuten ebbt ab. Die Familie löst sich aus ihrer Starre.

Susanna:	Was war denn das? Habt ihr das auch mitbekommen?
Tobias:	Mir war so, als wäre ich völlig weggetreten.
Clemens:	(*Lässt sich langsam auf seinem Stuhl nieder*) Ja, mir auch. Für wie lange?
Angela:	Ich weiß nicht, vielleicht eine Minute? Oder nur ein paar Sekunden?
Ilse:	(*Presst sich immer noch die Hände auf die Brust und stöhnt leise und erstaunt*) Meine Ohren klingeln!
Tobias:	Es tut mir leid, dass ich die Beherrschung verloren habe. Es ist wirklich schwer für mich, mir immer wieder anzuhören, wie reich und erfolgreich ihr seid. Wir sind zufrieden, aber immer vergleichen zu müssen, ist echt hart.
Clemens:	Daran habe ich noch gar nicht gedacht. Mir tut es auch leid, ich kann ganz schön unsensibel und ein Angeber sein. Das war schon in der Schule so.
Angela:	Ich möchte mich bei dir entschuldigen, Susanna. Eigentlich habe ich mich nur geärgert, weil dir der Pulli viel besser steht als mir.

Susanna:	Oh, danke. Ich habe es auch nicht so gemeint. Ich weiß ja, dass du uns nur deshalb nicht einlädst, weil du nicht kochen kannst. Bei unserem Umzug hast du mir sehr viel geholfen. (*Alle strahlen sich glücklich an.*)
Ilse:	Kinder, wisst ihr, was hier eben passiert ist? Das Christkind hat uns besucht und uns alle berührt! So, wie es in der Bibel heißt: „Frieden auf Erden und den Menschen einen Wohlgefallen."
Clemens:	Das Christkind? Also, ich weiß nicht ...
Angela:	Doch, ich glaube, Mutti hat recht. Es lag auf einmal so ein Friede auf uns. Vorher haben wir noch alle gestritten.
Susanna:	Wir waren alle genervt und beleidigt, wir waren auf dem besten Weg, wieder eins dieser grauenhaften Weihnachtsfeste zu begehen, bei denen nur gestritten wird.
Tobias:	Wisst ihr, was mir dabei einfällt? Mein halbherziges Gebet von vorhin. Ich möchte gerne noch einmal beten und Christus danken, dass er an Weihnachten Mensch geworden ist und uns Friede und Vergebung bringt.

Alle falten bereitwillig die Hände, schließen die Augen und senken die Köpfe.

Tobias:	Herr Jesus ... (*Licht aus bzw. Vorhang fällt*)

Ende

11

Von drauß' vom Walde komm ich her;
ich muss euch sagen, es weihnachtet sehr!

Theodor Storm

Wie er es verabscheute, so herumzulaufen! Das war einfach ent-
würdigend! Wenn Weihnachten vorüber war, konnte er ein Buch
über seine Erlebnisse schreiben und es „Schicksal eines Weihnachts-
mannes" nennen, oder: „Nikolausleben in Deutschland". Frustriert
setzte sich Uwe die rote Mütze auf und zupfte den künstlichen weißen Rauschebart zurecht. Wenn er eine ordentliche Arbeitsstelle hätte,
würde er diesen Job ganz sicher nicht machen. Er hatte ja gedacht, er
würde mit den Menschen auskommen, aber was man sich als Weihnachtsmann alles bieten lassen musste, konnte einen glatt zum Misan-
thropen machen.

Seine Freundin Lisa hatte ihn dazu überredet, sich während der Adventszeit als Weihnachtsmann oder Nikolaus bei einer Agentur zu ver-
dingen. Weil er nicht wollte, dass sie den Eindruck bekam, er würde
sich nicht anstrengen, um an seiner misslichen Lage etwas zu ändern,
hatte er eingewilligt. Eigentlich war er ja Gärtner. Und dass er nun
einen Schuldenberg am Hals hatte, war nur teilweise seine Schuld.
Hauptsächlich hatte er das seinem Bruder zu verdanken, für den er als
Bürge eingetreten war und der nun in Argentinien das Leben genoss,
nachdem er seine Geschäftsidee in Deutschland in den Sand gesetzt
hatte. Absolut sicher, null Risiko, siebzig Prozent Gewinn innerhalb
des ersten Jahres – von wegen! Schulden plus Arbeitslosigkeit ergaben
für Uwe keine rosige Perspektive. Noch dazu wartete seine Freundin
inzwischen seit zwei Jahren darauf, dass sie endlich heirateten.

Uwe stopfte sich ein dickes Kissen unter den roten Mantel und
machte sich auf den Weg. Sein erster Auftrag an diesem Tag war in
einem Kindergarten. Er hätte sich am liebsten davor gedrückt, denn
Kindergärten waren das Allerschlimmste. Im Winter waren dort alle

krank und wollten ihn mit ihren klebrigen, kleinen Händchen anfassen oder auf seinem Schoß sitzen.

Die Straßen waren voller Schneematsch und glitschig. Uwe war froh, als er sein Ziel erreicht hatte. Als er die Tür aufstieß, konnte er einen Schwarm Viren auf sich einstürzen fühlen. Eine Erzieherin nahm ihn in Empfang, entriss ihm den leeren Sack und führte den Nikolaus in den Raum, wo seine kleinen Fans schon warteten.

„Jetzt seid mal alle ruhig und schaut her, wer zu uns gekommen ist!", rief sie in das allgemeine Geplapper und Gekreische. Langsam wurde es leiser, als die Kinder ihn nach und nach entdeckten. Vierzehn kleine Münder standen voll Staunen und bangem Erwarten offen, vierzehn Augenpaare starrten ihn ungläubig und ängstlich an.

„Wisst ihr noch, was wir machen wollten, wenn der Nikolaus zu uns kommt?", fragte die andere Erzieherin und klatschte begeistert in die Hände.

Ein kleiner Junge begann zu heulen und verwirrte damit alle anderen.

„Wollten wir etwas singen?", half die erste Erzieherin aus und nickte eifrig.

„Ja, was singen", erklangen vereinzelte Rufe.

„Und was für ein Lied?"

„Morgen kommt der Weihnachtsmann", quäkte eine dünne Stimme durch den Raum.

Die Erzieherinnen stimmten das Lied an, dreizehn kleine Kinder sangen schüchtern und ziemlich falsch alle drei Strophen, der verängstigte Junge schluchzte dazu. Uwe zwang sich zu lachen und fröhlich auszusehen. Als das Lied überstanden war, drückte ihm eine der beiden Frauen den Sack, der jetzt mit Geschenken gefüllt war, in die Hand und forderte ihn auf, die Päckchen zu verteilen. Dann schob sie ihm einen winzigen Stuhl in die Waden und er setzte sich unfreiwillig. Die Kinder kauerten gespannt auf dem Boden vor ihm. Uwe zog das erste Päckchen heraus und las den Namen vor.

„Marvin Logan." Das war ausgerechnet der Name des weinenden Jungen. Eine der Erzieherinnen musste ihn zum Nikolaus schieben und das Geschenk für ihn entgegennehmen, während Marvin sirenenartige Töne von sich gab, die Uwe fast das Trommelfell platzen ließen. Beim nächsten Kind ging es glücklicherweise besser. Als Uwe den Namen vorgelesen hatte, kam der Kleine nach vorne gerannt, rückte ganz nah an ihn heran, hustete und begann, ein Gedicht aufzusagen. Dabei spuckte er immer wieder kleine Tröpfchen in Uwes Gesicht. Als der Junge fertig war, murmelte der Nikolaus ein paar anerkennende Worte und holte sein Taschentuch heraus, um sich trockenzuwischen.

Ein Kind nach dem anderen stellte sich vor ihm auf und gab etwas zum Besten. Manchmal klappte das Aufsagen, manchmal auch nicht; die meisten Kinder schienen aber Zutrauen zu ihm gefasst zu haben und umarmten ihn oder gaben ihm ein Küsschen. Die Erzieherinnen schauten gerührt zu und bedankten sich herzlich bei ihm, als Uwe den Sack geleert hatte und sich verabschiedete. Er bekam noch ein Ständchen mit auf den Weg und war erleichtert, als er endlich wieder auf der Straße stand.

Als Nächstes war ein Seniorenheim dran, in dem es so heiß war, dass er die ganze Zeit wie verrückt schwitzte. Das Mittagessen war vorüber und die alten Leute ziemlich müde. Das Singen klappte nicht so recht, weil die Hälfte ein Nickerchen hielt; und um die Geschenke zu überreichen, musste Uwe sich zwischen den Stühlen, Tischen, Rollstühlen, Gehhilfen und Rollbetten hindurchquetschen, um zu den jeweiligen Empfängern zu gelangen. Das Ganze dauerte fast so lange wie in dem Kindergarten, obwohl kaum jemand ein Gedicht aufsagte. Einige der alten Menschen freuten sich wahnsinnig über seinen Besuch, aber andere bekamen gar nicht richtig mit, dass er da war. Es war schon recht traurig und bewegend. Uwe war ziemlich mitgenommen. Die Beklemmung verließ ihn erst, als er einen strammen Spaziergang an der kalten Winterluft machte, um zu seinem nächsten Einsatzort zu kommen.

Unterwegs aß er eine Bratwurst und hoffte, sich nicht zu erkälten bei all den Temperaturwechseln von drinnen nach draußen. Eine Stunde später betrat er das Firmengebäude, in dem er seinen letzten Auftritt für diesen Tag hatte. Er sollte wieder einmal bei einer Weihnachtsfeier Geschenke an die Mitarbeiter verteilen und eine Menge Hohoho machen, denn hier wünschte man ausdrücklich einen Weihnachtsmann und keinen Nikolaus. Also würde er die gutgelaunte Stimmungskanone vom Nordpol geben und sich so schnell wie möglich wieder verdrücken. Der Empfangstresen war menschenleer; niemand da, den er nach dem Weg fragen konnte. Das war ja seltsam! Es war Nachmittag, reguläre Arbeitszeit und jederzeit konnten Geschäftskunden oder -partner hereinkommen, die betreut werden mussten. Uwe stellte sich in den Aufzug und drückte alle Knöpfe. Auf jedem Stockwerk streckte er den Kopf hinaus und lauschte. Im vierten hatte er Glück und hörte Musik und Stimmen, also stieg er aus.

Das, was normalerweise die Kantine zu sein schien, war jetzt ein bunt geschmückter Partyraum, in dem das Chaos herrschte. Eine unübersichtliche Menge Menschen redete – nein, brüllte – durcheinander, um „Last Christmas" zu übertönen, das gerade in voller Lautstärke aus den Lautsprechern dröhnte. Niemand nahm Notiz von ihm. Uwe beschloss, sich in das Gewimmel zu stürzen, und stieß laute Hohoho-Rufe aus, während er sich zwischen den Grüppchen hindurchzwängte. Diejenigen, denen er ins Ohr brüllte oder die er zur Seite schob, fanden ihn ganz toll und lachten über ihn. Alle waren mehr oder weniger betrunken. Einige wollten Uwe ein Glas Punsch in die Hand drücken, doch er lehnte ab. Andere betatschten ihn; eine stark beschwipste Frau versuchte, ihn zu küssen, ein junger Mann forderte ihn zu einem Hohoho-Wettstreit heraus und ein schwergewichtiger Hüne trat ihm schmerzhaft auf den Fuß. Es gelang Uwe nicht, in dem Durcheinander einen Verantwortlichen zu finden, der ihm die vorgesehenen Geschenke überreichen und ihm Instruktionen geben konnte, deshalb ging er nach einer halben Stunde einfach wieder. Wenigstens konnten genügend Menschen bestätigen, dass er dort gewesen war, falls es eine Beschwerde geben sollte.

Als Uwe fast zu Hause war, klingelte sein Handy. Wenig erfreut nahm er den Anruf entgegen, denn es war sein Boss und er konnte sich schon denken, was kommen würde.

„Herr Kernberg, ich hätte noch einen dringenden Auftrag für Sie."
„Wann?"
„Jetzt gleich. Sie müssten zuerst etwas abholen und es dann beim Empfänger abliefern. Das ist ein ganz spezieller Job."

Uwe nahm die Anweisungen entgegen und stöhnte. „Muss das wirklich sein? Kann das nicht ein anderer machen? Ich bin dafür vollkommen ungeeignet!"

„Es ist kein anderer frei, tut mir leid. Tun Sie halt Ihr Bestes. Dafür dürfen Sie sich ein Taxi nehmen, das ist doch auch was."

Es war bereits dunkel, als Uwe an der Tür der Galerie Wohlfahrt klingelte. Drinnen brannte noch Licht, doch es dauerte eine Weile, bis ein Mann kam und aufschloss.

„Wir haben geschlossen", sagte er.

„Fröhliche Weihnachten! Ho ho ho!", entgegnete Uwe pflichtbewusst. „Ich komme im Auftrag von Frau von Winterberg, die Ihnen ein frohes Fest wünscht." Uwe pumpte seinen Brustkorb auf, räusperte sich und fing an, aus vollem Hals zu singen:

„Morgen kommt der Weihnachtsmann ..." Uwe versuchte, sich so gut wie möglich an den Text zu erinnern, den er schließlich erst am Vormittag gehört hatte, aber so ganz klappte es nicht. Er brummelte ein paar undeutliche Worte in die Lücken. Sein Vortrag war grässlich, er wusste es, denn er konnte überhaupt nicht singen. Der Mann in der offenen Tür sah aus, als ob er fror, oder vielleicht zitterte er auch vor Qual. Als Uwe das Lied beendet hatte, sagte der Mann: „Danke, das war ja eine schöne Überraschung ..."

Doch Uwe war noch nicht fertig, sein Auftrag lautete ganz klar: drei Lieder! Er hob erneut an, dieses Mal „Ihr Kinderlein kommet". Darauf folgte noch „Süßer die Glocken nie klingen", bei dem er eine Menge neuen Text hinzudichtete, der bei genauerem Hinhören überhaupt keinen Sinn ergab.

Die Leute, die vorübergingen, schauten erstaunt auf den singenden Weihnachtsmann. Ein paar blieben stehen und trotzten den falschen Tönen, manche lachten über seinen falschen Text und hielten vermutlich alles für eine Parodie. Nach dem dritten Lied verstummte Uwe und wartete ab, was der Empfänger nun tun würde. Das war doch hoffentlich der richtige Adressat! Wenn nicht, müsste Uwe alles noch einmal wiederholen! Der frierende Mann und die Passanten klatschten.

„Sie sind doch Herr Wohlfahrt?", fragte Uwe.

Der Mann bejahte und Uwe war erleichtert.

„Dann habe ich hier noch etwas für Sie." Er zog das Paket aus seinem Sack und überreichte es.

„Danke", meinte Herr Wohlfahrt überrascht, nahm sein Geschenk entgegen und schloss schnell die Tür, ehe Uwe noch etwas sagen konnte. Dabei hatte er gefühlt, dass da noch etwas in seinem Nikolaussack war. Uwe zog es heraus und war erstaunt, als er einen dicken roten Umschlag in der Hand hielt, auf dem sein eigener Name stand.

„Nanu", murmelte er in seinen Bart, „ist der etwa von dieser Frau von Winterberg?" Dann öffnete er das Kuvert, zog die schöne Karte heraus und zerbrach sich auf dem ganzen Heimweg den Kopf über die geheimnisvolle Inschrift.

12

Da draußen schneit es: Schneegeflimmer
wies heute mir den Weg zu dir.

Theodor Fontane

ie Leute sahen ihn an und schmunzelten. Sie grinsten verschwörerisch, als würden sie und er einen geheimen Witz teilen. Manche deuteten mit dem Finger auf ihn. Und alles nur, weil er ein Lebkuchenherz um den Hals hängen hatte. Zugegeben, es passte überhaupt nicht zu seinem restlichen Erscheinungsbild – Anzug und Krawatte, weil er direkt von der Arbeit kam, darüber ein offener Mantel. Aber man könnte ihm doch den Gefallen tun und ihn einfach ignorieren. Holger umklammerte fest den Griff seiner Aktenmappe, während er sich seinen Weg durch den Trubel des Weihnachtsmarktes bahnte, wo er eigens hingegangen war, um das Herz zu erstehen. Es trug die Aufschrift „ Me & Hamster ♥ U".

Endlich ließ er die drängelnde Menschenmasse hinter sich und eilte die Straßen entlang zu dem Café, in dem er verabredet war. Noch immer erregte er Aufmerksamkeit und belustigte die Entgegenkommenden, aber im Grunde amüsierte es ihn mehr, als dass es ihn störte. Er hatte so gute Laune, dass ihn nichts aufregen konnte. Nicht einmal der Gedanke daran, dass er immer noch nicht befördert worden war. Als er das Café Bazar erreichte, stieß er die Tür auf und trat ein in die heimelige Atmosphäre, die dort herrschte. Das Café war eingerichtet wie ein Wiener Kaffeehaus, ein altmodisches Flair lag über allem. Man schaltete automatisch einen Gang herunter, wenn man es betrat, als liefe das Leben dort entspannter ab, ruhiger, gelassener. Er liebte dieses Café.

Holger ließ sich zu seinem reservierten Tisch führen, legte seinen Mantel über einen der Stühle und setzte sich so, dass er und das Lebkuchenherz von der Tür aus gut zu sehen waren. Dann wartete er. Auf sie. Auf Nicole. Die Frau, die auf seine Anzeige geantwortet hatte. Er hatte keine Ahnung, wie sie aussah, aber sie hatte nett geklungen, humorvoll und offen. Die anderen Zuschriften, die er bekommen hatte, blieben weit hinter ihrer zurück. Viele waren es ohnehin nicht gewesen, manche beinahe beängstigend; ein paar auch mit Fotografien von Frauen, die alle nicht sein Typ waren. Am Ende hatte er nur Nicoles beantwortet. Er wusste nicht, ob sie kommen würde. Er hoffte es; es wäre so schade, wenn sie kneifen würde.

Eine junge Kellnerin kam und nahm seine Bestellung auf – einen Kaffee – und Holger sah auf die Uhr. Zwei Minuten nach fünf. Um siebzehn Uhr, hatte er geschrieben. Aber gut, zwei Minuten waren noch keine Verspätung, vielleicht wollte sie ihn absichtlich warten lassen. Manche Frauen taten das. Seine Gedanken wanderten zu seiner Arbeit und zu etwas, worauf er ebenfalls wartete, und zwar schon seit Monaten: seine Beförderung. Er hatte bereits zweimal mit seinen Vorgesetzten gesprochen, eigentlich waren sie sich einig. Aber immer noch war nichts passiert; er verstand nicht, woran es lag. Inzwischen war es kurz vor Weihnachten. Worauf wollten sie noch warten? Jetzt war der ideale Zeitpunkt, ein perfektes Weihnachtsgeschenk: „Herr Haber, wir gratulieren: Am 1. Januar ist es endlich so weit. Fröhliche Weihnachten!"

Als er neulich einen dicken roten Brief mit der Post bekommen hatte, hatte Holger eigentlich schon fest damit gerechnet, dass es die ersehnte Mitteilung war. War es aber nicht, nur eine geheimnisvolle Karte von einem unbekannten Absender. Immerhin war es möglich, dass sie irgendetwas mit der Kanzlei zu tun hatte. Auf jeden Fall würde er zu dem vorgeschlagenen Treffen in der Grünen Kapelle gehen. Er war schließlich Anwalt, er ging den Dingen auf den Grund; ganz besonders, wenn sich ein Absender in Schweigen über seine Identität hüllte.

Sein Kaffee kam. Ein erneuter Blick auf die Uhr verriet ihm, dass es inzwischen sieben Minuten nach fünf war. Wie lange sollte er warten? Ab wann konnte er sich sicher sein, dass sie nicht mehr kommen würde? Eine halbe Stunde würde er mindestens noch bleiben, vielleicht sogar eine ganze. Es konnte ja sein, dass sie aufgehalten worden war und sich nicht absichtlich verspätete.

Was hatte ihn nur dazu gebracht, diese Anzeige aufzugeben? Zeitmangel und Frustration, gestand er sich ein. Er fand es schwierig, sich die Zeit zu nehmen, immer wieder auf Partys und andere Veranstaltungen zu gehen, nur um Frauen kennenzulernen. Er schien dort auch nie die richtige Art von Frau zu treffen. Die Frauen, die ihm gefielen, waren in Konzerten, Museen, Parks, auf Kulturreisen, beim Wandern, Radfahren, Skifahren, bei Lesungen oder mit ihren Freundinnen in stilvollen Restaurants. Wenn er bei solchen Gelegenheiten Frauen ansprach, führte das nie zu etwas. Sie waren alle vergeben oder hatten kein Interesse. Er konnte sich doch kein Schild umhängen, auf dem stand: „Suche Frau fürs Leben – bitte sprechen Sie mich an." Oder vielleicht doch? Sein Blick wanderte zu dem Lebkuchenherz, das auf seiner Brust hing. Ein großer Unterschied wäre es nicht.

Die Beziehungen, die er bisher gehabt hatte, waren alle nach einiger Zeit zu Ende gewesen. Er wollte endlich etwas Dauerhaftes. Er wollte eine kluge Frau, die in der Lage war, für sich selbst zu sorgen; keine, die nur darauf wartete, dass sich jemand um sie kümmerte. Sie sollte Humor haben und viel lachen (selbstverständlich am liebsten über seine Witze), aber trotzdem Tiefgang haben. Sie sollte kein Stubenhocker sein, aber auch nicht ständig auf Achse oder unfähig, sich mal ruhig hinzusetzen und zu entspannen. Diese Ansprüche waren doch wirklich nicht zu hoch!

Und dann war da noch sein Hamster *Kaviar*. Er hatte ihn in der Anzeige erwähnt, weil er das witzig fand, und Nicole war darauf eingegangen. Holger war gespannt, wie die erste Begegnung zwischen den beiden verlaufen würde, falls es jemals dazu kommen würde. Aber Kaviar war ein umgängliches Nagetier. Es würde keine Probleme geben, solange Nicole ihn nicht quetschte, denn dann konnte er herzhaft zubeißen.

Vor den Fenstern fielen erste Schneeflocken. Holger hatte es fast nicht geglaubt, als der Wetterbericht erneut Schnee für heute angekündigt hatte, aber nun sah es so aus, als hätte der Wetterfrosch recht behalten. Ständig kamen Leute ins Café, andere gingen; es war ein munteres Treiben. Holger behielt die Tür im Auge und fragte sich bei jeder Frau, die ankam, ob es wohl Nicole war. Die neuen Gäste waren in dicke Jacken und Mäntel gehüllt und trugen Schals und Mützen, die sie ablegten, sobald sie ins Warme kamen. Zunehmend weißer wurden die Köpfe der Hereinkommenden, weil es immer heftiger schneite.

Zwanzig nach fünf. Holger schob die leere Tasse beiseite und überlegte, ob er noch etwas bestellen sollte. Eine halbe Stunde wollte er noch bleiben. Seine Hoffnung, dass Nicole wirklich kommen würde, sank, aber er wollte sich nicht später vorwerfen müssen, dass er zu früh aufgegeben hatte.

Die Tür ging auf, als er sich gerade nach der Bedienung umsah. Eine zierliche Frau betrat das Café, bis zur Nase in einen Wollschal gewickelt, glitzernde Schneeflocken im braunen Haar. Sie sah sich suchend um. Holger richtete sich ein wenig auf, dann fixierten ihre Augen seinen Halsschmuck. Sein Herz fing an zu klopfen. Sie kam auf ihn zu. Ihr Blick war zögernd, fragend. Unterwegs wickelte sie sich aus ihrem Schal. Er stand auf. Das musste sie sein! Endlich konnte er ihr Gesicht sehen. Sie war hübsch; ganz entzückend, um genau zu sein. Sie lächelte, er lächelte zurück.

„Nicole?"

Sie nickte. „Tut mir leid, dass ich zu spät bin. Der Bus hatte eine Panne und ich musste fast die ganze Strecke laufen." Sie sah tatsächlich aus, als hätte sie sich sehr beeilt: Sie war außer Atem und hatte rosige Wangen und eine rote Nase.

„Das macht doch nichts." Er zog ihr einen Stuhl heran und nahm ihr die Jacke ab. Sie setzte sich hin.

„Ein schönes Herz", meinte sie und lächelte immer noch.

„Ich schenke es Ihnen", antwortete Holger und hängte es ihr um. Nicole lachte. Vielleicht war ihr die Doppeldeutigkeit der Geste aufgefallen; vielleicht fand sie es einfach nur nett von ihm. Sie mochte ihn, das merkte er; sie war verlegen, lächelte die ganze Zeit und sah ihm ständig in die Augen. Er hatte ein gutes Gefühl, ein sehr gutes. Er konnte es kaum erwarten, ihr Kaviar vorzustellen.

13

Das Geheimnis einer glücklichen Weihnacht
wird immer ein Geheimnis bleiben.

Selma Lagerlöf

Veronika lauschte konzentriert der Stimme, die aus ihrem Computer kam. Sie ließ sich den Text, den sie in der vergangenen halben Stunde eingetippt hatte, noch einmal vorlesen, doch schon nach kurzer Zeit wurde sie ungeduldig. Es ging ihr zu langsam; sie stellte um auf das Brailledisplay, über das sie Zeile für Zeile mit den Fingern ertasten konnte, was auf dem Bildschirm stand. Als sie sich sicher war, alle Fehler in dem Dokument korrigiert zu haben, druckte sie es aus und legte es in die Unterschriftenmappe. Die einzelnen Fächer waren nun alle gefüllt; es war höchste Zeit, dass sie die Mappe zu Herrn Dr. Wetzel hineintrug, damit er alles abzeichnen konnte. Die Briefe mussten in die Post, denn sie sollten noch rechtzeitig vor Weihnachten bei den Empfängern eintreffen, und ihr Chef hatte einen Termin außer Haus und würde bald aufbrechen.

Als Veronika wenig später auf dem Weg zur Poststelle im Untergeschoss des Schulamts war, nahm sie all die Düfte wahr. Auch hier kündigten sich die Feiertage an; pünktlich zum ersten Advent hatten die Mitarbeiter Tannenzweige, Duftkerzen und Plätzchen mitgebracht, es roch nach allem Möglichen – nach Wald, Zimt, Honig, Zuckerzeug, Vanille ...

Veronika genoss diese Vielfalt; sie machte ihre Wege durch das große Verwaltungsgebäude viel unterhaltsamer. Kerzen waren eigentlich verboten, aber sie wusste, dass trotzdem hier und da eine angezündet worden war.

In der Poststelle herrschte hektische Betriebsamkeit. Veronika hatte Probleme, sich ihren Weg zu bahnen, ohne über jemanden zu stolpern, doch sie fand die Kiste für den Postausgang und legte ihre Briefe hinein. Unter den zig Kästen in der offenen Schrankwand ertastete sie zielsicher das Fach für ihre Abteilung, das sie mit einem Aufkleber in

Brailleschrift versehen hatte, und nahm die Post heraus, die darin lag. Sie wechselte ein paar Worte mit einer Kollegin und machte sich auf den Rückweg.

Normalerweise öffnete sie die Briefe nur und legte sie auf Dr. Wetzels Schreibtisch. Wenn er verreist oder im Urlaub war, scannte sie alles ein. Die Sprachausgabe ermöglichte es ihr, den Inhalt zu erfassen und zu entscheiden, was mit dem jeweiligen Schreiben zu tun war. Sie selbst bekam so gut wie nie Post ins Büro. Deshalb war sie sehr überrascht, als ihre Finger einen dicken Umschlag ertasteten, der an sie adressiert war. In Braille, der speziellen Punktschrift für Blinde. Wie ungewöhnlich! Veronika befühlte das Kuvert von allen Seiten, doch es war kein Absender zu finden. Sie öffnete vorsichtig den Umschlag und zog eine Karte heraus.

Die Vorderseite schien sehr schön zu sein. Sie fuhr mit den Fingerspitzen wiederholt darüber, um alle Einzelheiten des geschmückten Weihnachtsbaumes zu erfassen: raue Zweige, kleine, glatte Kugeln und Sterne. Veronika hob die Karte an ihre Nase und roch daran. Wieder staunte sie: Sie erkannte den Duft von frischem Harz und feuchtem Waldboden, von eisiger Luft, die nach Schnee roch, und da war noch etwas ... Lebkuchen, dachte sie, es riecht nach Lebkuchen, ganz eindeutig. Nach frisch gebackenen, würzigen Lebkuchen. Am liebsten hätte sie augenblicklich in einen hineingebissen, so anregend war der Duft. Doch sie hatte keine Lebkuchen im Büro, deshalb klappte sie die Karte auf und ließ die Fingerkuppen über die Zeilen gleiten:

Dieses Jahr sollst du ein außergewöhnliches, ganz einmaliges Weihnachtsgeschenk erhalten. Komme am 24. Dezember um 23 Uhr in die Grüne Kapelle.

„Wie merkwürdig", murmelte sie schließlich. Sie wusste nicht, was sie von dieser Einladung halten sollte. Sie kannte doch niemanden in dieser Stadt; nur ihre Kollegen vom Schulamt und einige wenige Leute, mit denen sie zu tun gehabt hatte, aber sie konnte sich nicht vorstellen, dass jemand sie einladen würde, noch dazu zu einem geheimnisvollen Stelldichein in einer Kapelle. Und das Schulamt hatte beschlossen, keine Weihnachtsfeier zu machen – eine der vielen Sparmaßnahmen in diesem Jahr.

Auf dem Heimweg dachte Veronika noch immer über die Weihnachtskarte nach. Vielleicht sollte sie zu dem Treffen gehen. Sie hatte schließlich sonst an Weihnachten nichts vor, und es wäre eine schöne Abwechslung zum Herumsitzen zu Hause. Dann fiel ihr etwas ein: Vielleicht war es eine Aktion der Kirchengemeinde, bei der sie zwei- oder dreimal gewesen war? Eine Art Willkommensfeier für Neue? Dazu würde passen, dass der Treffpunkt eine Kapelle war. Sie hatte fest vor, zur Christvesper am Nachmittag des 24.12. zu gehen. Da würde sie bestimmt Näheres erfahren können.

Es fiel Veronika nicht leicht, sich in der neuen Stadt zurechtzufinden. Bis vor einem halben Jahr hatte sie nie allein gelebt, hatte immer zu Hause gewohnt. Als ihr Vater gestorben war, gab es nur noch sie und ihre Mutter; das hatte sie noch enger zusammengeschweißt. Doch auch ihre Mutter war schließlich heimgegangen und Veronika hatte nach langem Zögern beschlossen, dass ihr ein Neuanfang in einer anderen Stadt guttun würde. Es war ihr wichtig, an ihrer Unabhängigkeit zu arbeiten, und dann hatte sie auch diese Arbeitsstelle bekommen, die ihr besonders am Herzen lag. Es war ein sehr großer Schritt für sie gewesen, doch sie spürte, dass sie auf dem richtigen Weg war.

Sie war blind auf die Welt gekommen und hatte von klein auf damit zurechtkommen müssen, nichts zu sehen. Sie kannte es nicht anders und hatte auch immer viel Unterstützung erfahren, vor allem von den Eltern und der restlichen Familie. Sie war in eine Schule für Blinde und Sehbehinderte gegangen, hatte ihren Abschluss gemacht und anschließend eine Ausbildung zur Bürokauffrau. Es gab genügend Hilfsmittel, mit denen sie sich in ihrem Alltag zurechtfinden konnte. Aber in einer neuen Stadt gab es natürlich vieles, was herausfordernd war für jemanden wie sie.

Was ihr auch stets geholfen hatte, war ihr Glaube. Sie vertraute auf Jesus und wusste, dass er sie führte und bei ihr war. Ohne dieses Wissen, dachte Veronika, hätte sie wohl nie den Mut gefunden, in eine so große Stadt zu ziehen und diese Arbeitsstelle anzunehmen. Deshalb war es ihr auch wichtig, bald Anschluss an eine Gemeinde zu finden, um mit anderen Christen Gottesdienste zu feiern, zu beten und sich auszutauschen. Trotzdem wäre alles leichter, wenn sie jemanden hätte, der sie ab und zu mitnehmen könnte. Sie war von ihrem Naturell her eher schüchtern und zurückhaltend, musste sich auch erst noch richtig daran gewöhnen, dass ihre Mutter nicht mehr da war, um sie zu begleiten. Sie sehnte sich nach einer Freundin, mit der sie reden und etwas unternehmen konnte. Doch wo sollte sie eine finden, wenn es ihr so schwerfiel, irgendwo hinzugehen?

Der Wind war eiskalt und tat Veronika im Gesicht weh. Sie mochte es, wenn es schneite und die Schneeflocken auf der warmen Haut schmolzen. Glätte dagegen fand sie schrecklich. Als sie hierhergezogen war, hatte sie das Mobilitätstraining durchlaufen, bei dem sie ein geschulter Begleiter mit den Straßen und Örtlichkeiten vertraut gemacht hatte, damit sie wusste, woran sie sich orientieren konnte. Er hatte ihr auch einige Tipps für den Winter gegeben, wo vorrangig die Straßen geräumt wurden und dergleichen mehr. Vielleicht würde es gar nicht so schlimm werden.

Sie setzte sich die Kapuze ihrer Jacke auf und ertastete weiter den Weg mit ihrem Stock. Im neuen Jahr würde sie einen Hund bekommen, darauf freute sie sich schon sehr. Mit einem Blindenführhund würde sicherlich einiges leichter.

Veronika seufzte, als ihre Gedanken zu einem anderen Thema sprangen. Eigentlich hatte sie Lehrerin werden wollen. Kinder zu unterrichten war ihr Traum gewesen, aber sie hatte ihn aufgegeben, weil ihre Eltern fanden, sie wäre besser für Büroarbeit geeignet. Sie hatten gemeint, sie sei zu schüchtern, um sich gegen eine Schar aufmüpfiger Schüler zu behaupten, und außerdem sei der Beruf mit ihrer Behinderung schwierig. Dabei hatte sie so viele Ideen! Es fielen ihr immer neue Möglichkeiten ein, wie sie den Lehrstoff interessant gestalten und Begabungen fördern könnte. Sie wusste gar nicht, wohin mit all diesen Einfällen. Sie kamen einfach zu ihr, sie konnte gar nichts dagegen tun.

Veronika war froh, als sie endlich in ihrer Wohnung war. Ihr war richtig kalt geworden. Sie drehte erst einmal die Heizung voll auf und machte sich einen heißen Kakao. Als sie damit in ihrem kleinen Wohnzimmer saß, zog sie die Weihnachtskarte aus ihrer Tasche und betastete sie erneut ganz ausführlich. Es gefiel ihr, dass sich jemand die Mühe gemacht hatte, sie in Braille zu schreiben. Der Absender musste also wissen, dass sie nicht sehen konnte. Aber die Adresse musste auch noch in normaler Schrift draufstehen, sonst hätte der Brief nicht zugestellt werden können.

Der aufgeklebte Weihnachtsbaum ließ sie davon träumen, wie sie Weihnachten verbringen würde. Sie könnte sich doch auch einen kleinen Baum besorgen. Sie müsste ihn nicht einmal schmücken, der Geruch würde ihr schon völlig genügen, um sich festlich zu fühlen. Veronika lächelte. Die anderen Menschen würden es doch sehr sonderbar finden, wenn sie sehen könnten, wie sie Weihnachten in einem dunklen Raum mit einem ungeschmückten Baum verbrachte. Sie musste kichern. Ja, an Weihnachten war alles möglich, oder nicht? Und jeder feierte Jesu Geburt auf seine Weise. Sie hatte keine Angst davor, die Feiertage allein zu verbringen, aber es wäre doch schön, etwas Besonderes zu machen, nur für sich. Sie würde sich also einen Weihnachtsbaum besorgen, zum Gottesdienst und später zu diesem Treffen gehen, und vielleicht fiel ihr noch mehr ein. Sie würde sich von Gott eine Freundin zu Weihnachten wünschen. Warum auch nicht? Wenn er ebenfalls fand, dass sie eine brauchte, würde er ihr jemanden schicken, davon war Veronika überzeugt.

Als sie noch so dasaß und die Weihnachtskarte in der einen, die Tasse Kakao in der anderen Hand hielt, kam ihr ein Gedanke. Warum nicht all die Ideen, die sie für Schüler und Schülerinnen hatte, aufschreiben? Sie hatte sich schon öfter Notizen gemacht. Es wäre doch eine großartige Sache, alles zusammenzutragen und anschaulich auszuführen. Dann, möglicherweise, konnte ihr Werk irgendwann einmal jemandem nützlich sein. Ja, das war eine hervorragende Idee! Veronika strahlte. Endlich konnte sie etwas mit all ihren Einfällen anfangen, und so würde auch keine Idee verloren gehen. Darauf hätte sie wirklich schon früher kommen können. Sie trank ihren Kakao aus, stellte die Weihnachtskarte ins Bücherregal und schaltete ihren Computer ein. Wenn sie schon selbst keine Lehrerin werden konnte, dann konnte sie doch immerhin andere unterstützen. Veronika fühlte sich sehr weihnachtlich bei diesem Gedanken.

14

Und so leuchtet die Welt
langsam der Weihnacht entgegen.
Und der in Händen sie hält,
weiß um den Segen!

Matthias Claudius

*E*r wollte den Mund einfach nicht aufmachen. Michaela verlor langsam die Geduld.

„Vati, bitte, nimm deine Tabletten! Ich habe dir extra ein Glas Saft eingeschenkt, damit sie nicht so bitter schmecken."

Der alte Mann sah misstrauisch auf das Glas, dann auf seine Tochter, schließlich wanderte sein Blick störrisch zur Tür, wo ein Zivildienstleistender lässig an den Türrahmen gelehnt stand.

„Na ja, einen Versuch war es wert", sagte dieser, woraufhin Michaela sich umdrehte. Sie hatte den jungen Mann gar nicht kommen gehört.

„Soll ich denn einfach aufgeben? Er muss die Tabletten doch nehmen. Ich verstehe nicht, warum er das nicht einsehen will."

„Rede nicht über mich, als wäre ich nicht im Zimmer!", ließ sich ihr Vater mit seiner krächzenden Stimme vernehmen.

„Oh, wie schön, du hast beschlossen, heute doch noch etwas zu sagen", entgegnete Michaela mit einem beleidigten Unterton.

Die Besuche bei ihrem Vater im Heim waren jedes Mal aufs Neue anstrengend und schwierig. Ihr Vater war zwar nicht sonderlich senil, aber doch recht eigen, wenn man es freundlich ausdrücken wollte. Seit einigen Wochen hatte er es sich in den Kopf gesetzt, dass er seine Medikamente nicht mehr nehmen wollte, und das machte Michaela Sorgen. Vor allem das Mittel gegen Bluthochdruck war wichtig.

„Sieh mal, das ist die schöne Weihnachtskarte, von der ich dir erzählt habe." Sie hielt ihrem Vater die rote Karte hin, damit er sie ansah, doch er ignorierte sie und drehte den Kopf zur Seite.

Michaela stand frustriert auf und suchte ihre Sachen zusammen.

„Ich muss jetzt gehen. Wir haben gleich eine Probe."

„Was für eine Probe denn?", knurrte ihr Vater.

„Für das Weihnachtsstück, das wir am Heiligen Abend in der Kirche aufführen."

„Was Musikalisches?"

„Nein, ein Theaterstück. Es wäre schön, wenn du kommst. Ich kann dich früher abholen und danach mit zu mir nehmen."

„Kann ich jetzt noch nicht sagen", war alles, was er ihr mitteilte.

Sie beugte sich vor und gab ihm einen Kuss auf die Wange. „Wir sehen uns in zwei Tagen."

Der Zivi hielt ihr die Tür auf und begleitete sie ein Stück den Flur entlang.

„Finde ich prima, dass Sie Theater spielen", stellte er fest. „Ich war in der Schule in der Theater-AG, das hat mir viel Spaß gemacht."

Michaela lächelte. „Ja, so habe ich auch angefangen. Sie können gern zu unserem Weihnachtsgottesdienst kommen und sich das Stück ansehen. Bei der letzten Probe ging es zwar noch etwas chaotisch zu, aber das kriegen wir bestimmt noch hin." Sie lachte, als sie sich daran erinnerte.

„Wen spielen Sie denn? Die Maria oder einen der Engel?"

Michaela unterdrückte ein Kichern. Sie gäbe eine reichlich alte Maria ab. „Nein, es ist kein Krippenspiel. Lassen Sie sich überraschen."

Michaela schaffte es gerade rechtzeitig zur Probe, die den letzten Rest an Energie und Konzentrationsfähigkeit aufbrauchte, den sie noch hatte. Es war ein langer Tag gewesen und sie war froh, als sie endlich zu Hause war und es sich gemütlich machen konnte. Schnell bereitete sie sich ihr Abendessen zu und suchte einen Weihnachtsfilm aus ihrer Sammlung aus, doch richtig abschalten konnte sie nicht. Sie machte sich immer noch Gedanken um ihren Vater.

Er war seit zwei Jahren im Heim und zuerst schien es ihm recht gut zu gefallen, aber in letzter Zeit war er ständig auf Konfrontationskurs. Er machte grundsätzlich nicht das, was das Pflegepersonal von ihm verlangte, oder er fand Gefallen an dem, was er nicht tun sollte. Wie bei einem kleinen Kind, fand Michaela. Sie hatte ihn wiederholt gefragt, ob ihn etwas störte, doch er hatte ihr keine Antwort gegeben. Was es auch war, er behielt es für sich. Aber das machte ihr Verhältnis so viel schwieriger, denn auch zu ihr war er anders als früher.

Am nächsten Tag klingelte kurz vor der Mittagspause das Telefon in der Bäckerei, in der sie arbeitete. Michaela hatte sich gerade wieder den Kopf darüber zerbrochen, wie sie den Betrieb in Schwung bekommen könnten. Ihr Angebot war zu einseitig. Die Kunden wollten die Waren nicht mehr kaufen und am Ende des Tages blieb immer viel zu viel übrig; gute Backwaren, die zum Wegwerfen einfach zu schade waren. Es war ein Anruf aus dem Seniorenheim, der ihre Grübelei unterbrach.

„Ihr Vater ist ohnmächtig geworden und wir haben ihn ins Krankenhaus bringen lassen." Der Heimleiter klang ernst und Michaela bekam bei seinen Worten ganz weiche Knie.

„Das kommt sicher daher, dass er seine Tabletten nicht nehmen will", vermutete sie bekümmert, „er wollte es ja nicht glauben."

„Heute Nachmittag wissen wir bestimmt schon mehr. Ich habe mit dem Krankenhaus gesprochen; Ihr Vater wird nach den Untersuchungen wieder zu uns gebracht. Kommen Sie also nach der Arbeit vorbei und versuchen Sie, sich nicht so viele Sorgen zu machen."

Das war leichter gesagt als getan. Natürlich machte Michaela sich Gedanken, und zwar unaufhörlich. Nicht nur ein Gebet schickte sie zum Himmel, sondern viele, und sie hoffte, dass sie etwas bewirkten. Schließlich glaubte sie, dass Gott Gebete erhörte und sich um ihre Anliegen kümmerte. Aber diese Ungewissheit! Sie hätte doch ins Krankenhaus fahren sollen, rügte sie sich selbst; dort hätte sie gleich mit einem Arzt reden können. Allerdings war sie allein im Laden, sie konnte gar nicht so kurzfristig weggehen.

Irgendwann war auch der entsetzlich lange Arbeitstag zu Ende und sie fuhr zum Heim. Ihr Vater war zurück in seinem Zimmer und schlief.

Michaela wollte ihn nicht wecken, sondern zuerst mit dem Heimleiter sprechen. Der erwartete sie bereits und schüttelte ihr die Hand, ein wenig steif, wie es seine Art war, wenn er versuchte, Anteilnahme zu zeigen.

„Ich habe leider keine gute Nachricht für Sie." Er sah sie an und schien auf ein Zeichen von ihr zu warten, das ihm signalisierte, dass sie bereit war für die Mitteilung.

Sie nickte.

„Ihr Vater wurde gründlich untersucht, auch eine CT wurde gemacht und es gibt keinen Zweifel: Ihr Vater hat einen Tumor im Kopf."

Was? Wie konnte er so etwas sagen? Michaela verstand nicht recht, was der Mann meinen konnte. „Einen Tumor? Aber wo? Wie? Ich meine, warum?"

„Einen Hirntumor, schon sehr weit fortgeschritten und nicht mehr behandelbar. Am besten sprechen Sie selbst mit dem Arzt."

„Was bedeutet: ,nicht mehr behandelbar'? Man muss doch etwas tun können!"

Der Heimleiter sah bedrückt aus. „Nein. Dafür ist es zu spät. Die Ärzte sagen, er habe noch einen oder zwei Monate zu leben."

Michaela fiel fassungslos auf einen Stuhl. Ihre Welt war dabei, zusammenzubrechen. „Herr, wie kannst du so etwas zulassen? Ausgerechnet an Weihnachten!", war alles, was sie denken konnte.

Es war spät am Abend; die Uhrzeit war unwichtig geworden. Michaela saß im Zimmer ihres Vaters und lauschte seinem Atem. Er hatte die letzten Stunden geschlafen und sie war mit ihren Gedanken allein gewesen. Sie konnte es nicht verstehen. Er hatte überhaupt keine Beschwerden gehabt, hatte nie über Kopfschmerzen oder Schwindel geklagt, auch sonst über nichts. Der Heimleiter hatte ihr erklärt, dass der Tumor vermutlich schuld daran war, dass ihr Vater sich in den letzten Wochen so merkwürdig verhalten hatte. Jetzt schämte sie sich dafür, dass sie so ungeduldig mit ihm gewesen war und ihn für egoistisch und stur gehalten hatte. Es war gar nicht seine Schuld gewesen. Sie dachte wiederholt daran zu beten, aber was sollte sie Gott sagen? Im Moment war sie nur erschüttert und verzweifelt; alles, was sie sagen konnte, würde mit einem Fragezeichen enden oder wäre eine Anklage. Sie wollte nicht, dass ihr Vater starb.

Sicher, sie hatte gewusst, dass es irgendwann geschehen würde. Aber doch nicht so! Sie hatte gehofft, dass er eines Tages einschlafen und nicht mehr aufwachen würde, in ein paar Jahren, wenn sie darauf vorbereitet war. Aber im Grunde wusste sie, dass sie sich etwas vormachte. Egal, wie alt sie wäre, sie würde nie darauf vorbereitet sein. Und sie hatte ihren Vater so lange gehabt, anders als ihre Mutter. Als ihre Mutter starb, war sie erst Anfang dreißig gewesen.

Was würde mit ihrem Vater passieren? Der Tumor breitete sich weiter aus. Er würde bald wichtige Funktionen stören, ihr Vater würde bettlägerig werden und nichts mehr selbst tun können. Vielleicht bekam er Schmerzen, vielleicht würde sich seine Persönlichkeit noch mehr verändern.

Michaela wischte die Gedanken beiseite. Sie wollte jetzt nicht daran denken; sie wollte sich erst damit befassen, wenn es so weit war. Es belastete sie zu sehr. Ihr Vater seufzte und sie eilte zu ihm ans Bett.

„Michaela?", flüsterte er, als er die Augen aufgemacht hatte und sie sah.

„Ja, ich bin hier."

„Bin ich im Krankenhaus?"

„Nein, in deinem Zimmer im Heim."

Seine Augen wanderten müde umher, um sich zu vergewissern.

„Warum weinst du denn?", wollte er schließlich wissen, als er die Tränen auf ihrem Gesicht bemerkte.

„Ach Vati, sie haben es dir gesagt, nicht wahr? Warum du ohnmächtig geworden bist?"

„Ja, sie haben mir gesagt, dass ich bald sterben werde."

Michaela nahm seine Hand. „Ich bin immer für dich da, das weißt du doch, Vati?"

Er erwiderte den Druck ihrer Finger. „Ich habe es gespürt, weißt du? Ich wusste, dass es bald zu Ende geht mit mir."

Michaela konnte einen Schluchzer nicht unterdrücken. „Warum muss das ausgerechnet an Weihnachten passieren? Das ist so grausam."

Ihr Vater schüttelte den Kopf. „Aber es ist doch schön so. Ich habe mir gewünscht, dass ich ein letztes Weihnachtsfest habe. Der Arzt hat mir noch ein paar Wochen gegeben. Wir werden also Weihnachten zusammen feiern können."

Michaela musste fast gegen ihren Willen lächeln. Ihr Vater hatte schon immer gern Weihnachten gefeiert, mit allem Drum und Dran. In den letzten Jahren war es freilich weniger spektakulär gewesen, da er alt und gebrechlich geworden war und sich auch nicht mehr an den Vorbereitungen beteiligen konnte, seit er im Heim war. Aber im Moment war er wieder ganz der Vater, den sie ihr Leben lang gekannt hatte. Und er schien gar nichts dagegen zu haben, bald in den Himmel zu gehen.

Erstaunlicherweise fand Michaela Trost in den Worten ihres Vaters. Ja, sie glaubte ihm, dass er sein nahes Ende geahnt hatte. Und sie wusste auch, dass er bereit war. War das nicht erstaunlich? Gerade noch hatte sie gedacht, sie könnte das nicht durchstehen, aber jetzt wusste sie, dass sie es schaffen würde – gemeinsam mit ihm. Sie hatte noch einige Wochen, vielleicht Monate, um sich darauf einzustellen. Und plötzlich war sie sich sicher, dass sie das spektakulärste Weihnachtsfest feiern würden, das ihr Vater jemals erlebt hatte. Mit allem Schnickschnack – der tollsten Dekoration und einem großen Baum natürlich. Sie würde ein paar Sänger auftreiben, die ihrem Vater Weihnachtslieder sängen, und sie würde Plätzchen backen und Christstollen, und alle Heimbewohner sollten etwas davon bekommen. Sie würde mit ihrem Vater an Heiligabend zur Kirche fahren und hinterher würden sie ein wunderbares Festessen genießen, Geschenke auspacken und Wunderkerzen anzünden. Sie würden die ganze Familie und alle Freunde einladen und ein wundervolles Fest feiern. Dieses ganz besondere Weihnachtsfest würden sie auskosten bis zum Letzten. Liebevoll drückte sie die Hand ihres Vaters. „Ja, das werden wir", sagte sie mit einem Lächeln unter den Tränen.

15

Und wieder stapft der Nikolaus durch jeden Kindertraum.
Und wieder blüht in jedem Haus der goldengrüne Baum.

Erich Kästner

Kevin, würdest du bitte die Finger da wegnehmen! Lass die Hirten in Ruhe!" Matthias winkte den Jungen herbei. Kevin kam nur langsam und feixend näher. „Jenny, du auch. Denise, steck endlich das Handy weg!" Die Kinder fanden seine Aufforderungen eher lustig und lachten, während ihr Lehrer versuchte, sie alle zusammen einigermaßen ruhig und interessiert zu halten. „Giulia, wo ist denn dein Block? Denk dran, dass du ein Protokoll über diesen Ausflug schreiben sollst."

Das dunkelhaarige Mädchen zuckte gleichgültig mit den Schultern. „Hab ihn da vorne liegen lassen."

„Dann geh schnell und hol ihn her!", befahl Matthias und man konnte seiner Stimme anhören, dass er langsam die Geduld verlor.

Er hatte sich das alles einmal anders vorgestellt. Damals, an der Uni. Als er noch studierte, Deutsch und Englisch auf Lehramt. Er hatte sich den Kopf vollgestopft mit Pädagogik und Lehrmethoden, hatte nebenbei noch ein paar Semester Psychologie mitgenommen, weil er gedacht hatte, es könnte nur hilfreich sein, etwas über die Entwicklung und das Verhalten von Jugendlichen zu wissen. Wie hatte er sich auf seine Referendariatszeit gefreut! Und sie war auch wirklich nicht übel gewesen. Nein, sie hatte ihn darin bestärkt, dass er sich für den richtigen Beruf entschieden hatte. Es hatte Spaß gemacht, mit den Schülern und Schülerinnen zu arbeiten, ihnen etwas beizubringen, für sie da zu sein, wenn sie Fragen hatten.

„Yannick, kannst du mir mal sagen, was du da in der Hand hast? Du darfst hier drin nicht essen oder trinken."

„Aber ich hab Durst. Und Hunger." Der blonde Junge sah seinen Lehrer ratlos an.

„Du wirst doch noch warten können, bis wir wieder draußen sind."

„Meine Mutter hat aber gesagt, ich soll regelmäßig etwas zu mir nehmen, auch wenn es während der Stunde ist, weil ich so leicht Probleme mit dem Blutzucker bekomme."

Matthias ahnte das Schlimmste – er kannte Yannicks Mutter nur zu gut. „Hast du ihr gesagt, dass das nicht geht und dass dafür die Pausen da sind?"

Yannick nickte. „Ja, aber sie sagte, es ist ihr egal; das Einzige, was zählt, ist meine Gesundheit."

Matthias zwang sich, nicht die Augen zu verdrehen. Yannicks Mutter hatte nicht zum ersten Mal ihre eigenen Vorstellungen darüber, was gut für ihren in ihren Augen hochbegabten Sohn war. „Ich werde sie heute Abend anrufen", versprach er.

Es war nicht so, dass er seinen Beruf nicht mehr mochte. Matthias fand immer noch, dass es ein schöner und sinnvoller Job war, und er hielt sich auch für einen guten Lehrer. Es war eine lohnende Sache, den Kindern und Jugendlichen etwas beizubringen. Nicht nur den Lehrstoff; auch den Umgang miteinander und mit Problemen. Es war sinnvoll, sie auch außerhalb des Unterrichts zu erleben, so wie jetzt beim Besuch der Krippenausstellung im Rathaus. Er hatte seinen Schülern und Schülerinnen etwas zu geben, glaubte er. Er hatte nur nicht damit gerechnet, dass es so ... so ... *kräftezehrend* sein würde. Ja, das war das richtige Wort.

„Sind jetzt endlich alle bereit? Also, hier seht ihr eine Krippe aus Italien, aus Rom, um genau zu sein. Was fällt euch an ihr auf?" Matthias nickte den Jungs und Mädchen aufmunternd zu. Er sah, dass Giulia, die in der Zwischenzeit ihren Block wiedergefunden hatte, bereit war, mitzuschreiben. Das Mädchen sah ihn mit großen Augen an und kicherte.

„Was soll ich denn schreiben?"

„Das, was die anderen sagen. Was ist an dieser Krippe auffällig?", wiederholte Matthias seine Frage.

„Da sind andere Gebäude dabei, so eins mit Säulen zum Beispiel", sagte Kevin. Der Lehrer nickte, Giulia wartete ab.

Jenny rief: „Die Menschen sind ganz anders angezogen, mehr so wie im Mittelalter vielleicht?"

„Genau", stimmte Matthias zu, obwohl die Kleidung das 18. Jahrhundert widerspiegelte und nicht das Mittelalter. „Was ist los, Giulia, worauf wartest du? Schreib!" Giulia kicherte noch mehr und fing an, verschnörkelte Buchstaben aufs Papier zu setzen.

Wie hätte er das am Anfang auch wissen sollen? Sicher, Matthias hatte genügend Geschichten von Lehrern mit Burn-out-Syndrom gehört, von Kollegen, die den Druck nicht mehr aushielten, die von ihren Schülern so fertiggemacht wurden, dass sie nicht mehr arbeiten konnten. Von anderen, die sich frühzeitig pensionieren ließen oder Alkoholprobleme hatten. Er hatte in seiner Schulzeit selbst Lehrer gehabt, denen alles egal war; denen das letzte bisschen Motivation abhanden gekommen war, sofern sie jemals welche besessen hatten. Lehrer, die die Schüler mit ihrem Zynismus überschütteten, mit unfairen Noten, mit Strenge, oder ihnen mit der Maxime begegneten: „Wenn ihr mich in Ruhe lasst, lasse ich euch in Ruhe." Aber da waren auch diejenigen gewesen, bei denen der Unterricht Spaß gemacht hatte, die sich für ihr Fach begeistern konnten und etwas von dieser Begeisterung weiterzugeben vermochten. So ein Lehrer wollte er sein. Das andere, das Abrutschen in eine negative Haltung, würde ihm sicher nie passieren – hatte er gedacht.

Die 8b merkte, dass er in Gedanken woanders war, und wurde unkonzentriert. Hier und da wurde geflüstert und gelacht, die Jungs fingen an, herumzualbern. Matthias zwang seine Aufmerksamkeit wieder zurück in die Gegenwart und auf die Ausstellung.

„Demir, was kannst du uns über diese türkische Krippe sagen?"

Demir sah ihn erstaunt an. „Ich?"

„Ja, du."

Der Junge starrte auf die Krippe. Offensichtlich hatte er keine Ahnung und stellte Mutmaßungen an. „Sie ist bunt?"

Matthias beließ es fürs Erste dabei.

„Äh, Herr Hagefeld?", rief Pinar aus ihrer Ecke. „Wieso gibt es überhaupt eine türkische Krippe? Wir feiern doch gar nicht Weihnachten!"

„Eine schöne Frage, Pinar. Kann irgendjemand etwas dazu sagen?" Um ihn herum herrschte ratlose Stille, hier und da wurde geflüstert und gekichert. „Die Türkei hat zusammen mit Griechenland die längste christliche Tradition in Europa, dort wurden die allerersten christlichen Gemeinden gegründet." Seine Information löste keine besonderen Regungen bei den Schülerinnen und Schülern aus, aber das hatte Matthias auch nicht erwartet.

Die 8b war eine gute Klasse, eigentlich. Aber so kurz vor Weihnachten waren die Jugendlichen – wie alle Schüler – wesentlich unkonzentrierter als sonst. Alle warteten auf die Ferien, die Lehrer eingeschlossen. Er ganz besonders. Matthias hatte den Eindruck, dass er mit jedem Jahr, in dem er in dem Beruf arbeitete, die Ferien dringender benötigte und stärker herbeisehnte.

Eigentlich lief es gut für ihn. Die Schüler respektierten ihn, die Schule war nicht als Problemschule bekannt, die Gewalt hielt sich in einem normalen Rahmen: hier und da eine Prügelei, Hänseleien, ab und zu wurde jemand gemobbt, dann musste hart durchgegriffen werden. Beschmierte Toilettentüren, Kritzeleien an Wänden, gelegentliche Streiche – der normale Alltag eben. Aber es kostete so viel Energie, allem gerecht zu werden. Sie hatten nie genügend Zeit, um den Lehrstoff wirklich gründlich durchzuarbeiten. Der Lehrplan wurde immer straffer; es gab immer weniger Mittel, um begleitende Maßnahmen durchzuführen. Er wäre gerne öfter mit seinen Klassen ins Theater gegangen, ins Kino, in Museen und Ausstellungen oder auch mal zu historischen Stätten.

„Was ist mit dem Stall? Habt ihr euch angesehen, wie unterschiedlich er in den verschiedenen Krippenszenen dargestellt wird? Was meint ihr, welcher ist am authentischsten?"

Denise meldete sich.

„Ja, Denise?"

„Was heißt ‚authentischsten'?"

„Das heißt, welcher der Realität am Nächsten kommt. Wie könnte der Stall – der echte Stall – wohl am ehesten ausgesehen haben?"

„Wie der da drüben?", vermutete Marie und deutete auf eine Krippe, die aus Ton hergestellt worden war. Das Stallgebäude war ein schlichter eckiger Kasten mit Tür- und Fensterlöchern.

„Das ist eine gute Annahme, wenn man sich anschaut, wie die Dörfer in Israel zur damaligen Zeit gebaut wurden. Manche meinen auch, dass der Stall in Wirklichkeit eine Art Höhle in einem Felsen war." Die Jungs und Mädchen nickten mit großen Augen.

„Gut, wir sind fertig hier. Oder hat noch jemand eine Frage?" Die Aussicht, nach Hause zu können, erstickte jegliches eventuell noch vorhandene Interesse im Keim und niemand meldete sich mehr.

Weihnachten kam mit riesigen Schritten auf sie zu! Matthias hatte noch kein einziges Geschenk besorgt. Er hatte noch nicht einmal eine Idee, was er seiner Verlobten und seiner Familie schenken konnte. Die Schule und die Vorbereitungen für die Weihnachtsfeier nahmen ihn völlig in Anspruch. Trotzdem freute er sich auf die Feiertage. Er würde endlich einmal an etwas anderes denken können als an die Arbeit, und er würde Zeit mit den Menschen verbringen, die er liebte. Sicher, es würde anstrengend werden mit seiner und dann mit Biancas Familie, aber danach hatte er frei. Silvester war schon verplant für eine Feier mit ihren Freunden. Wenn er den Kopf wieder frei und genügend Muße hatte, kämen ihm hoffentlich auch mal ein paar neue Ideen für seine Unterrichtsgestaltung. Irgendwie war ihm jegliche Kreativität abhanden gekommen, und das machte ihn unzufrieden.

Matthias ging mit seiner Klasse zurück zur Schule, damit sie ihre Taschen holen konnten, um dann nach Hause zu eilen. Auf seinem Weg durch das fast leere Schuldgebäude schaltete er die Lichter in den Klassenzimmern aus, denn es war bereits Nachmittag und für die meisten Schulschluss. Dann ging er zum Lehrerzimmer, um seine Tasche zu packen und seine Jacke zu holen. Draußen wurde es bereits dunkel und zu Hause hatte er noch einen Berg Aufsätze zu korrigieren. In seinem Fach lag ein roter Briefumschlag. Matthias steckte ihn in seine Tasche, er würde ihn sich zu Hause ansehen. Der Hausmeister, dem er auf dem Weg nach draußen begegnete, summte ein Weihnachtslied.

Matthias dachte an die Krippenausstellung. Ihm hatte sie gut gefallen und er hoffte, den Jungs und Mädchen ebenfalls. Giulias Protokoll würde wohl keine Glanzleistung werden, aber es war ihm wichtig, dass seine Klasse selbst aktiv wurde und füreinander arbeitete. Die Krippen hatten tatsächlich Weihnachtsstimmung in ihm geweckt und Matthias hoffte, dass er nach Weihnachten wieder neuen Antrieb haben würde. Schließlich war es die Zeit der Wunder.

16

Sei heiter!
Es ist gescheiter
als alles Gegrübel.
Gott hilft weiter,
zur Himmelsleiter
werden die Übel.

Theodor Fontane

*V*ittoria di Notte hob ermattet den Kopf. Sie lag noch im Bett, dabei sollte sie schon längst ihre täglichen Stimmübungen machen. Sie fühlte sich erschöpft, mutlos, geradezu depressiv. Es klopfte an der Tür ihrer Hotelsuite.

„Herein", antwortete Vittoria kraftlos.

Frau Schneider, ihre deutsche Managerin, trat ein und ließ ihren vorwurfsvollen Blick durch das abgedunkelte Zimmer schweifen. Dann trat sie an die Fenster und riss die Vorhänge auf. Das grelle Licht verärgerte die Primadonna ganz beträchtlich.

„Müssen Sie so gefühllos sein?", fragte sie mit mehr Nachdruck, als sie beabsichtigt hatte. Sie genoss ihren Zustand des Leidens und wollte von denen, die sie umgaben, angemessenes Mitgefühl entgegengebracht bekommen.

„Signora, ich kann nicht zulassen, dass Sie ausgerechnet jetzt eine Pause einlegen", entgegnete die Managerin ungerührt. „Sie haben heute und morgen Abend zwei ausverkaufte Konzerte! Die Menschen vertrauen darauf, Sie in Ihrem gewohnten Glanz zu sehen und von Ihrer unglaublichen Stimme betört zu werden." Innerlich seufzte Frau Schneider. Es war wirklich schwer, eine Operndiva bei Laune zu halten. Ach, was dachte sie da! Launen hatte Signora di Notte genug und jede im Übermaß, es galt jedoch, sie in der *richtigen* Laune zu halten, nämlich optimistisch und arbeitseifrig. Seit zwei Tagen jedoch war das ein beinahe aussichtsloser Kampf.

„Meine Liebe, Sie haben keine Ahnung, was ich durchmache!", hob Vittoria zu ihrem täglichen Leidklagen an, die Stimme wieder brüchig und erschöpft. „Mein Leben ist sinnlos geworden, seit Mia mich verlassen hat. Ich kann das überhaupt nicht verstehen! Wieso wollte sie weg? Was hat ihr denn gefehlt? Ich habe ihr alles gegeben, was sie wollte, war immer für sie da, habe mich all ihren Wünschen gebeugt. Ich habe sie überall mit hingenommen, sie hat die ganze Welt gesehen, was kann sie mehr wollen? Warum nur ist sie fortgegangen?"

Vittoria sank betrübt in die Kissen und wischte ein paar Tränen von ihren Wangen. Sie wusste, dass Frau Schneider sie für eine Hypochonderin hielt – schließlich war Theaterspielen Teil ihres Berufes –, doch sie fühlte den Verlust vollkommen aufrichtig und schmerzhaft tief in ihrem Herzen. Mia war ihr Ein und Alles, ihre Familie – wie konnte sie da nicht am Boden zerstört sein, weil sie weg war?

„Ich bin sicher, dass sie nicht einfach so weggelaufen ist. Sie hat sich ganz bestimmt nur verirrt. Die Polizei sucht nach ihr, wir haben Anzeigen in der Zeitung und Aufrufe beim Radio laufen. Mia wird bestimmt bald wieder da sein!" Die Managerin versuchte, so viel Ermutigung wie möglich in ihre Worte zu legen. Sie durfte nicht zulassen, dass sich die Sängerin in die Schwermut flüchtete und womöglich den ganzen Tag im Bett verbrachte. Es war höchste Zeit für sie, an die Arbeit zu gehen.

„Verirrt!", rief die Signora da verstört, „was könnte schlimmer sein als das? Mia muss verzweifelt sein, einsam und hungrig, sie läuft in einer fremden Stadt umher und könnte bösen Menschen in die Hände fallen!"

„Sie weiß sich zu helfen. Sie ist schlau und hart im Nehmen. Mia lässt sich nicht so leicht unterkriegen", beruhigte sie Frau Schneider.

Die Diva sah sie an. „Meinen Sie das ehrlich?"

Die Managerin nickte. „Aber ja, ich kenne sie jetzt seit sieben Jahren. Und ich weiß auch, dass sie Ihnen treu ergeben ist. Sie wird alles daransetzen, zu Ihnen zurückzukommen, so schnell sie kann."

Vittoria seufzte auf, erleichtert und mit einem zarten Lächeln auf dem Gesicht. „Ja, Sie haben bestimmt recht. Ich war zu voreilig. Meine arme Mia – wie gut, dass sie nicht hören konnte, welche Dinge ich ihr vorgeworfen habe! Sie wäre entsetzt, wenn sie wüsste, dass ich an ihrer Treue gezweifelt habe!" Sie schob die Decke zur Seite und stand auf. „Es wird Zeit, dass ich mein Bad nehme und mich anziehe, meine Liebe. Seien Sie so nett und bestellen mir ein leichtes Frühstück aufs Zimmer. Sie können sich gerne auch etwas kommen lassen."

Frau Schneider nahm das Frühstück und die Post für die Signora in Empfang. Ein roter, dicker Umschlag war dabei, der ihre Aufmerksamkeit erregte. Er hatte keinen Absender. Hoffentlich war es kein Erpresserbrief von jemandem, der Mia entführt hatte. Sie war zwar nur eine Katze, aber die Sängerin wäre zu nichts mehr in der Lage, sollte dieser zweitschlimmste aller denkbaren Fälle eintreten. Der schlimmste wäre allerdings ... Nein, daran wollte sie nicht denken. Sie beobachtete Signora di Notte genau, als diese wenig später den Umschlag öffnete und eine wunderschön gestaltete Weihnachtskarte herauszog.

„Nanu, hören Sie sich das an: Da lädt mich jemand zu einem geheimnisvollen Treffen am Heiligen Abend ein, nachts, in einer Kapelle, um mir ein besonderes Geschenk zu überreichen. Oh, Frau Schneider, meinen Sie, es könnte sich dabei um Mia handeln? Das wären ja nur noch wenige Tage! Wie gut, dass ich bis nach Weihnachten hier bleiben werde!"

Vittoria geriet durch die Karte in eine neue Hochstimmung. Sie plauderte während des Frühstücks aufgeregt mit ihrer Managerin und machte sich schließlich mit ihr auf den Weg zum Theater. Die Luft war kalt und feucht und die Diva wickelte sich den langen Schal sorgfältig um Hals und Kopf, um jeden Luftzug zu vermeiden, der ihrer kostbaren Stimme schaden konnte.

Es waren nur wenige Minuten zu gehen. Leichter Nieselregen setzte ein und trieb die beiden Frauen zur Eile, sodass sie nicht auf die schöne Weihnachtsdekoration auf der Straße und in den Schaufenstern achteten. Doch plötzlich blieb Vittoria abrupt stehen.

„Was ist?", erkundigte sich Frau Schneider, doch Vittoria hob nur die Hand, um sie zum Schweigen zu bringen. Sie lauschte angestrengt.

Aus einem Hinterhof drang durch die Einfahrt ganz leises Singen zu ihnen heraus.

„Hören Sie das?", flüsterte Vittoria aufgeregt.

„Ja, und?", erwiderte Frau Schneider.

„Aber bitte, hören Sie doch richtig hin!"

Frau Schneider zuckte mit den Schultern. „Es tut mir leid. Ich bin zwar Ihre Managerin, aber das heißt nicht, dass ich viel von Gesang verstehe. Ich verstehe etwas vom Geschäft, das genügt."

Vittoria schüttelte den Kopf und zerrte ihre Begleiterin hinter sich her in die Einfahrt. „Wer redet denn hier von Gesang! Ich habe eine Katze miauen gehört und ich bin sicher, es war Mia!"

„Bitte, Signora, wir können hier doch nicht einfach so eindringen!", wandte Frau Schneider ein, doch die Diva ignorierte sie und eilte vorwärts. „Signora ...!", protestierte die Managerin, doch die Sängerin ließ sich nicht aufhalten. Sie erreichten ein Hinterhofgebäude, eine alte Halle, die als Lager für ein türkisches Lebensmittelgeschäft im Vorderhaus diente. Vittoria lief ohne Umstände hinein und blieb stehen, inmitten von Obst- und Gemüsekisten, Stapeln aus Pappkartons, Getränkekisten und Säcken. Von überall musterten sie überraschte, dunkle Augen.

„Ist hier eine Katze hineingelaufen?"

Die Männer, die sie in ihrer Arbeit unterbrochen hatte, schüttelten die Köpfe.

„Haben Sie etwas dagegen, wenn ich mich hier umsehe?", fragte die Sopranistin mehr aus Höflichkeit, denn noch bevor jemand antworten konnte, fing sie an, die Halle zu durchstöbern. „Ich bin ganz sicher, dass das Geräusch von hier kam, und ich meine auch, ich hätte sie hier hereinlaufen sehen. Gibt es hier Mäuse?" Sie ignorierte die empörten Ausrufe und kletterte zwischen Obstkisten hindurch, stemmte Säcke zur Seite und kroch auf dem Boden herum.

„Signora", mahnte Frau Schneider mit schwacher Stimme, „Sie machen Ihren schönen Mantel ja ganz schmutzig ...!"

Vittoria verschwand hinter einem Stapel Getränkekisten. „Mia, Mia! Micio, vieni qua, komm zu mir", lockte sie mit hoher Stimme. Sie stieß an ein Regal mit Mehltüten und brachte damit eine zum Umfallen. Eine Mehlwolke staubte auf die Signora nieder, doch diese störte sich nicht daran. „Micio, micio, micio", hörte man immer wieder. Und plötzlich, als alle anderen schon dachten, es könne sich doch nur um eine Einbildung handeln, meldete sich aus einer Ecke ein Kätzchen. „Miau", machte es, und Vittoria preschte los.

Als Vittoria ohne Katze wieder auftauchte, war sie weiß überpudert, schmutzig, voller Spinnweben und zerzaust.

„Aber was ist mit Mia?", erkundigte sich Frau Schneider verdutzt.

„Es war nicht meine Mia, es war irgendeine andere Katze", räumte die Signora mit hängenden Schultern ein. „Gehen wir, ich muss zur Probe." Sie schlurfte nach draußen und überließ es ihrer Managerin, sich bei den Männern zu entschuldigen und eine kurze Erklärung abzugeben.

Als Frau Schneider zu der Sopranistin stieß, meinte sie: „Aber der Gesang war doch sehr schön, nicht wahr? Sind Sie nicht schon lange auf der Suche nach einem besonderen Talent?"

Vittoria zuckte mit den Achseln. „Solange Mia verschwunden ist, kann ich mich nicht darauf konzentrieren." Sie schüttelte ihren Schal aus und drapierte ihn sich wieder um Kopf und Hals. „Solch eine Stimme, wie sie mir vorschwebt, gibt es nur einmal unter Tausenden, das ist wie die berühmte Suche nach der Nadel im Heuhaufen. Aber Sie haben recht, es ist mein Traum, eines Tages ein Nachwuchstalent zu finden und entsprechend zu fördern."

Eilig setzten die beiden Frauen ihren Weg durch den Nieselregen fort. Vittoria hastete so schnell davon, dass Frau Schneider nur mit Mühe folgen konnte. Unauffällig trocknete die Sängerin ein paar Tränen der Enttäuschung. Sie hatte wirklich gedacht, Mia gefunden zu haben. Sie war sich so sicher gewesen! Ihr kleines Kätzchen war ganz allein in dieser Stadt unterwegs. Wie um alles in der Welt sollte sie sich da auf Weihnachten freuen? Aber ihr Leid war natürlich ihre Privatsache. Ihr Publikum erwartete von ihr, dass sie ihr Bestes gab, und Vittoria war entschlossen, genau das zu tun. So wäre es im Sinne von Weihnachten – und auch von Mia.

17

Der bunte Baum, vom Licht erhellt,
der freut uns gar sehr,
ach wie so arm die weite Welt,
wenn's Jesuskind nicht wär!

Annette von Droste-Hülshoff

J ohnny schloss die Tür auf und trat in den Flur, wo er seinen Rucksack einfach fallen ließ. Die Schule hatte ihn wieder mächtig genervt und das lag hauptsächlich daran, dass die anderen aus seiner Klasse ständig davon redeten, wo sie in den Weihnachtsferien hinfahren würden. Die meisten natürlich zum Skifahren, ein paar mit ihren Eltern irgendwo ins Warme an den Strand. Johnny sah in den Kühlschrank, überlegte eine Weile und holte schließlich die restlichen Spaghetti vom Vortag heraus. Während sie in der Mikrowelle warm wurden, dachte er an das bevorstehende Weihnachtsfest. Es würde wohl kaum besser als das im letzten Jahr werden, eher noch trostloser. Seine Mutter verdiente kaum genug Geld, um sie beide zu ernähren; und sein Vater, der irgendwo im weit entfernten Nürnberg lebte, war vor einigen Monaten arbeitslos geworden, sodass er keinen Unterhalt mehr zahlen konnte.

Die Mikrowelle piepste. Während Johnny schweigend sein Mittagessen herunterschlang, dachte er über die Aufgabe nach, die sie für die Weihnachtsferien bekommen hatten. Im Januar würden sie ein Bewerbungstraining absolvieren und dafür sollten sie schon mal eine Bewerbung zusammenstellen und ein paar Firmen heraussuchen, die sie anschreiben wollten. Das Schlimmste war aber, dass jeder einen „Mentor" finden sollte, eine Person, die ihnen bei den Bewerbungen half, bis sie einen Ausbildungsplatz hatten. Johnny hatte überhaupt keine Ahnung, wen er fragen konnte. Seine Mutter hatte ihm schon gesagt, dass sie ihm dabei nicht helfen konnte und er jemand anderen suchen musste. Doch wen? Er kannte ja kaum Erwachsene, die so viel Zeit für ihn aufbringen würden.

Als er gerade mit den Hausaufgaben anfangen wollte, hatte Johnny plötzlich einen ganz real wirkenden Eindruck. Er sah einen großen, leuchtenden, bunt geschmückten Weihnachtsbaum vor sich, und wenn er sich nicht völlig irrte, dann stand der Baum mitten in ihrem Wohnzimmer zwischen den abgewetzten Sitzmöbeln. Ein paar Sekunden später verblasste das Bild und Johnny schüttelte den Kopf, wie um sich selbst zu sagen, dass das niemals Wirklichkeit werden würde. Es war unmöglich; das konnten sie sich überhaupt nicht leisten, selbst wenn es nur 20 oder 30 Euro waren. Aber da musste doch noch ein bisschen Weihnachtsschmuck in einem Karton sein, wenigstens den konnte er in der Wohnung verteilen, damit sie einen Hauch von festlicher Stimmung bekam.

Johnny stöberte im Schlafzimmer seiner Mutter herum, bis er die Schachtel gefunden hatte. Dann hängte er alles auf, was er an Strohsternen, Kugeln, Zapfen, Engeln und Sonstigem finden konnte. Ein paar Weihnachtsmannkerzenständer waren auch dabei, die stellte er im Wohnzimmer auf den Tisch. Jetzt fehlten nur noch die Kerzen, aber die konnte er schnell besorgen. Vielleicht würde sein Taschengeld auch noch für ein paar Tannenzweige reichen. Die Hausaufgaben mussten warten, beschloss Johnny und schlüpfte in seine Schuhe und die Jacke, zählte sein äußerst knappes Barvermögen und machte sich auf den Weg zum Supermarkt. Kurze Zeit später war er wieder da und zündete die Kerzen an.

Als seine Mutter von der Arbeit nach Hause kam, staunte sie nicht schlecht.

„Johnny, was ist denn in dich gefahren? Das hast du doch noch nie gemacht!"

Johnny zuckte mit den Schultern. „Hatte halt Lust drauf. Ist doch schade, wenn es so gar nicht nach Weihnachten aussieht. Und wenn wir schon keinen Baum haben können ..."

Seine Mutter seufzte. „Ich weiß. Tut mir leid, das ist einfach zu teuer."

Johnny murmelte: „Schon klar", und wollte in seinem Zimmer verschwinden.

„Warte, Johnny, das hier war im Briefkasten", sagte seine Mutter und hielt ihm einen roten Briefumschlag hin.

„Für mich?", wunderte sich Johnny und drehte den Umschlag herum, aber es war kein Absender darauf.

„Ist bestimmt von deinem Vater", vermutete seine Mutter.

Später am Abend machten Johnny und seine Mutter ihren üblichen Spaziergang in die Schrebergartenanlage. Sie hatten dort einen kleinen Garten gepachtet, der von Johnnys Großvater angelegt worden war, dem Vater seiner Mutter. Unter normalen Umständen hätten sie sich die Pacht gar nicht leisten können, aber der Großvater war in den Genuss von Sonderbedingungen gekommen, weil er sich nach dem Krieg sehr für die Gartenanlage eingesetzt hatte. Seine Tochter Petra, Johnnys Mutter, hatte es einfach nie übers Herz gebracht, den Garten aufzugeben, weil er so etwas wie das Vermächtnis ihres Vaters war. Im Winter gab es fast nichts zu tun, doch da war ein kleines Gewächshaus mit Blumen, die der Großvater gezüchtet hatte, und die mussten versorgt werden, zu jeder Jahreszeit.

Während sie nach dem Rechten sahen und die Pflanzen mit Wasser versorgten, sprachen sie über die Weihnachtskarte mit ihrem rätselhaften Versprechen eines besonderen Geschenkes. Johnny konnte sich einfach keinen Reim darauf machen. Er konnte nicht recht glauben, dass sein Vater an Heiligabend von Nürnberg herfahren und ihm eine Überraschung bringen würde. Vielleicht war die Karte nur ein dummer Scherz von jemandem aus seiner Klasse.

„Wenn du hingehen willst, habe ich nichts dagegen. Ich könnte dich begleiten", meinte seine Mutter.

Johnny zuckte mit den Achseln. „Mal sehen", antwortete er, „ich weiß es noch nicht. Wäre doch blöd, wenn ich jemandem auf den Leim gehe. Die hocken dann vielleicht da und lachen sich schlapp."

„Kann sein, aber wenn du nicht hingehst, wirst du niemals die Wahrheit erfahren. Man muss eben manchmal ein Risiko eingehen."

Johnny entgegnete nichts mehr darauf. Seine Mutter sagte gern solche Dinge, doch ihr eigenes Leben war eher bestimmt von der Suche nach Sicherheit, das war ihm schon lange klar. Irgendwie verstand er das auch, sie hatte schließlich die Verantwortung für ihn. Trotzdem: Wie sollte man da Freude an Abenteuern entwickeln?

Als Johnny am nächsten Morgen joggen ging, hatte er noch öfter das Bild von dem Weihnachtsbaum vor Augen. Er konnte es nicht loswerden, egal, ob er nun den Kopf schüttelte, seine Augen rieb oder versuchte, an etwas ganz anderes zu denken. Das Bild weckte Erinnerungen an die Feste, die sie gehabt hatten, als er noch ein kleiner Junge gewesen war. Damals waren seine Eltern noch nicht geschieden gewesen und sie hatten in einer großen Wohnung gelebt. War eigentlich eine coole Zeit gewesen, so sorglos und irgendwie gut, mit beiden Eltern und dem Meerschweinchen.

Er musste seiner Mutter noch ein Geschenk kaufen. Das war gar nicht so einfach, weil er nicht viel Geld hatte und sie sowieso nicht wollte, dass er ihr etwas schenkte. Also vielleicht lieber etwas Praktisches? Da konnte sie nicht sagen, dass sie das nicht brauchte. Aber eigentlich wollte er ihr lieber etwas Schönes schenken, weil sie es wirklich verdient hatte. Er entschied sich für einen Kino-Gutschein, da konnte sie sich einen guten Film anschauen. Und dazu ein paar Pralinen.

Das Wochenende kam und Johnny war froh, als die Schule endlich aus war. Er verdrückte sich schnell, damit er nicht noch öfter gefragt wurde, was er denn in den Ferien machen würde. Als er zu Hause ankam, stand auf der Straße ein zusammengeschnürter Tannenbaum an die Wand neben der Haustür gelehnt. Er sah sich um, sah aber niemanden, dem der Baum gehören konnte. Na, das war deren Sache, wenn sie ihren Baum einfach so herumstehen ließen. Wenn er geklaut wurde, würden sie sich ganz schön ärgern. Johnny schloss die Haustür auf und sprang die Treppen zu ihrer Wohnung hinauf. Seine Mutter war zu Hause, weil sie einen freien Tag hatte. Als Johnny gerade seine Jacke ausziehen wollte, bat sie ihn: „Könntest du bitte zum Supermarkt gehen und ein paar Sachen einkaufen?" Johnny machte ein langes Gesicht. „Da ist es bestimmt total voll heute!"

Sie warf ihm einen aufmunternden Blick zu. „Komm schon, das hast du doch schnell geschafft. Ich backe gerade Plätzchen und habe keine Zeit."

„Du machst Plätzchen?"

Sie lächelte. „Ja, ich weiß, ich habe gesagt, ich würde es dieses Jahr nicht schaffen, aber ich bin heute Morgen aufgewacht und hatte einfach Lust dazu."

„Okay", willigte er ein, weil die Aussicht auf Weihnachtsgebäck auf jeden Fall erfreulich war.

Weit kam Johnny nicht. Als er die Wohnungstür öffnete, sah er sich einem ausladenden Weihnachtsbaum gegenüber, der mindestens zwei Meter hoch sein musste und die ganze Türöffnung versperrte. Der Baum war üppig mit Schmuck behangen und steckte in einem stabilen Ständer.

„Mama, komm mal schnell!"

Seine Mutter kam in den Flur gelaufen und blieb mit aufgerissenen Augen neben ihm stehen.

„Was ist das denn?"

„Du meinst wohl: Wer stellt denn seinen Baum vor unsere Tür?!"

Sie überlegte kurz. „Also, der gehört niemandem auf unserem Stockwerk. Die Leute von gegenüber sind verreist und die neben uns haben einen aus Plastik. Die hatten schon seit Jahren keinen echten mehr."

Sie gingen näher heran und suchten nach irgendwelchen Hinweisen. Johnny fand schließlich einen Zettel, der an einen der Äste gehängt war. Darauf stand: Frohe Weihnachten, Johnny und Petra! Die beiden sahen sich verblüfft an. Keiner von beiden hatte eine Ahnung, von wem der Baum sein könnte. Noch dazu fertig aufgestellt und geschmückt!

Schließlich beschlossen sie, das Geschenk einfach anzunehmen, und machten sich an die Arbeit. Es war gar nicht so leicht, den großen Baum durch die Türöffnung, den Flur, noch eine Tür und ins Wohnzimmer zu schaffen, aber schließlich war es vollbracht. Johnnys Mutter schaltete die Lichterkette an und der Baum erstrahlte in hellem Glanz.

„Mann, ist der schön!", seufzte Johnny, nachdem er eine Weile nur dagestanden und geschaut hatte. Seine Mutter stimmte ihm aus vollem Herzen zu und wischte sich ein paar Tränen von den Wangen.

Am Abend, als es draußen dunkel wurde und die Wohnung von einem köstlichen Duft erfüllt war, saßen sie zusammen auf dem Sofa, aßen Plätzchen, tranken Kakao und freuten sich. Weihnachten würde dieses Jahr nun doch nicht so traurig werden; nein, ganz und gar nicht. Im Gegenteil, es würde vermutlich das unvergesslichste Fest aller Zeiten werden.

18

Ein bisschen mehr Friede und weniger Streit.
Ein bisschen mehr Güte und weniger Neid.
Ein bisschen mehr Liebe und weniger Hass.
Ein bisschen mehr Wahrheit; das wäre was.

Peter Rosegger

Eddie von Tatten legte die Füße auf den Tisch und sah auf den Monatskalender. Sein Büro war nur ein kleines Zimmer in der Wohnung, in der er zur Miete lebte, aber immerhin hatte er eines. Unten an der Klingel war sogar ein Schild mit der Inschrift „Detektei von Tatten" angebracht. Er überlegte ständig, ob er es nicht in „Eddie von Tatten, Privatdetektiv" ändern lassen sollte, konnte sich aber nie zu einer Entscheidung durchringen.

Nur noch zwei Tage bis Weihnachten und er hing in seinem aktuellen Fall fest, den er eigentlich schon gelöst haben wollte. Das war ärgerlich und nun wahrlich nichts, was ihm die Feiertage versüßte.

Es war bereits eine Woche her, dass er den Auftrag bekommen hatte; ganz entgegen sonstiger Gepflogenheiten schriftlich, ohne persönliches Gespräch, und aus dem Ausland. Aus Russland war das Fax gekommen, dann waren einige E-Mails hin- und hergegangen, er hatte ein Foto erhalten. Es ging um Menschenhandel. Eine junge Frau wurde vermisst und ihre Familie vermutete sie in Deutschland, in seiner Stadt. Eddie hatte Nachforschungen angestellt und herausgefunden, dass in der Gegend noch weitere junge Frauen verschwunden waren, darunter eine, für deren Auffinden eine Belohnung ausgesetzt war. Dieses zusätzliche Geld würde er gut gebrauchen können. Er war irgendwie immer knapp bei Kasse, denn die Auftragslage war für allein arbeitende Detektive wahrhaft niederschmetternd. Er hatte schon einmal überlegt, im Nebenberuf Schriftsteller zu werden, denn für haarsträubende Geschichten hatte er genug Stoff. Wenn ihm nur das Schreiben mehr liegen würde.

Von einem ehemaligen Kollegen bei der Polizei hatte Eddie am Vorabend einen Tipp bekommen, unter welcher Adresse er mit etwas Glück jemanden finden konnte. Während er die erste Tasse Kaffee geschlürft und ein paar Scheiben Toastbrot verdrückt hatte, hatte Eddie im Internet recherchiert, aber jetzt war es eindeutig an der Zeit, das genannte Haus aufzusuchen. Er zog sich warm an und verließ seine Wohnung, schloss die Tür ab und sprang die drei Treppen hinunter bis zu den Briefkästen. Aus seinem hing halb ein zerfledderter roter Umschlag heraus. Typisch! Da hatte wieder jemand an seiner Post herumgezerrt, vielleicht auf den Absender geschaut und den Brief achtlos zurückgestopft. Das kam oft vor und jedes Mal fragte er sich, ob diese Dinge mit Absicht geschahen oder ob einfach nur die Sendungen falsch eingeworfen wurden.

Der rote Umschlag war die einzige Post für den Tag, doch Eddie wurde stutzig, als er sah, dass es sich um ein anonymes Schreiben handelte. So etwas war überhaupt nicht nach seinem Geschmack; anonyme Briefe verhießen nie etwas Gutes. Er hatte sie reichlich bekommen. Eddie überlegte, ob er das Ding einfach ungelesen in den Müll werfen sollte, fühlte sich dann aber doch versucht, hineinzuschauen. Aus der Botschaft wurde er nicht schlau, aus der ganzen Aufmachung auch nicht; das alles war sehr ungewöhnlich für ein Erpresserschreiben oder einen Drohbrief. Ob das etwas mit seinem Fall zu tun hatte? Wenn ja, dann gab es nur zwei Möglichkeiten: Entweder man wollte ihm am Vierundzwanzigsten ordentlich Angst machen, vielleicht sogar zum Schweigen bringen, oder jemand wollte auspacken. Er musste das auf jeden Fall im Hinterkopf behalten.

Das Haus in der Luisenstraße 13 war auf den ersten Blick unauffällig: ein mehrstöckiges Gebäude mit mehreren Wohnungen, ganz ähnlich wie das, in dem er selbst wohnte. Es besaß eine Einfahrt mit einem Tor, das bedauerlicherweise geschlossen war. Eddie studierte die Namensschilder. Ein russisch klingender Name fiel ihm auf: Pjetrovski. Er drückte auf den Knopf, doch nichts geschah. Er wartete einige Minuten und wurde belohnt, denn die Haustür ging auf und eine füllige Frau trat in Erscheinung.

„Verzeihen Sie", sprach Eddie sie höflich an und lächelte, in der Hoffnung, die Frau wäre seinem Charme zugänglich. Tatsächlich blieb sie stehen und musterte ihn prüfend.

„Ja?"

„Ich wollte eigentlich zu Frau Pjetrovski, doch sie scheint nicht zu Hause zu sein."

„Und wie soll ich Ihnen da helfen?"

„Kennen Sie sie?" Die Frau schien zu zweifeln, ob sie Auskunft geben sollte. Eddie lächelte noch einmal, dieses Mal verschwörerisch. Das half.

„Nun ja, was heißt *kennen*. Ich habe sie gelegentlich im Treppenhaus gesehen. Scheint Ausländerin zu sein."

„Ist sie das hier?", fragte Eddie und hielt der Frau das Foto hin.

Sie besah es sich mit gerunzelter Stirn und meinte schließlich: „Nein, da muss es sich um eine Verwechslung handeln."

„Wissen Sie vielleicht, wo ich Frau Pjetrovski finden kann oder wann sie wieder da ist?"

„Keine Ahnung."

Die Frau hatte genug und drängte sich an ihm vorbei. Eddie ließ sie gewähren und schob unauffällig seinen Fuß in den kleiner werdenden Türspalt. Als sie ihn nicht mehr sehen konnte, schlüpfte er hinein und stand nun in der Einfahrt, auf der anderen Seite des Hoftores. Im Innenhof befand sich ein kleines, einstöckiges Nebengebäude, ziemlich verwahrlost, doch es konnte trotzdem noch als Unterkunft dienen – vielleicht für entführte russische junge Frauen und Mädchen?

Eddie näherte sich vorsichtig dem Gebäude. Der Hof schien wie ausgestorben, aber jeder, der von oben herunterschaute, konnte ihn sehen. Eddie huschte in ein Gebüsch an der Ecke des Schuppens und duckte sich, dann schlich er unter eins der Fenster. Die Scheiben waren vollkommen verdreckt, es war unmöglich, etwas Genaues im Inneren zu erkennen. Vorsichtig wischte er mit einem Zipfel seines Taschentuchs, das er mit Spucke anfeuchtete, auf dem Glas herum und schaffte es, ein kleines Loch in die Schmutzschicht zu reiben. Er tauchte aus seiner Deckung auf und sah hinein. Das war zwar riskant, aber was sollte er tun? Er musste doch irgendetwas unternehmen! Im Inneren sah es nicht minder verwahrlost aus: kaputte Stühle standen oder lagen auf dem nackten Betonboden, zerfetzte Wolldecken stapelten sich zu einem kleinen Berg in einer Ecke, einige Eimer waren im Raum verteilt. Aber Eddie konnte keine Hinweise entdecken, die eindeutig belegt hätten, dass man hier jemanden gefangen gehalten hatte.

Das Eingangstor wurde geöffnet, Stimmen und Schritte hallten über den Hof. Eddie tauchte schnell in dem Gebüsch unter und lauschte mit klopfendem Herzen und gespitzten Ohren den näher kommenden Geräuschen. Es waren zwei Männer. Einer der beiden sprach mit osteuropäischem Akzent, der andere schien Deutscher zu sein. Sie redeten sehr leise, und Eddie verstand sie erst, als sie an der Schuppentür angelangt waren und einer nach dem Schlüssel in seiner Hosentasche kramte.

„Was sollen wir denn jetzt mit diesem Mädchen machen? Sie hat alles gesehen und kann uns jederzeit verraten!"

„Sie ist abgehauen, niemand weiß, wo sie ist."

„Ich kann sie finden."

Kurze Pause.

„Gut. Dann tu das, am besten gleich. Wenn du sie hast, bring sie her. Wir lassen uns etwas einfallen."

Die Tür war offen. Die Männer sagten noch etwas auf Russisch, dann trennten sie sich. Einer betrat das kleine Gebäude, der andere wandte sich um und verschwand durch die Einfahrt. Eddie wartete ungeduldig, bis die Schuppentür ins Schloss gefallen war, dann rannte er Richtung Hoftor.

Eddie heftete sich an die Fersen des Mannes, der durch die Straßen eilte. Es gab eine Zeugin! Das war wie ein Sechser im Lotto! Doch sie nutzte ihm nur etwas, wenn er sie als Erster fand. Er durfte den Mann auf keinen Fall verlieren! Er selbst hatte ja keine Ahnung, wie die Zeugin aussah oder hieß, aber er vermutete, dass es sich um Frau Pjetrovski handelte. Womöglich hatte sie sogar mit einer der gefangenen jungen Frauen geredet. Sie konnte der Schlüssel zu seinem ganzen Fall sein! Aber sie war auch in höchster Gefahr. Diese Männer würden mit ihr tun, was immer sie für nötig hielten, um ihr Unternehmen zu schützen.

Der Mann hatte ein ordentliches Tempo drauf und verstand es, sich unauffällig durch die Menschenmenge zu schieben. Eddie hatte seine Mühe, an ihm dranzubleiben, besonders auf dem belebten Weihnachtsmarkt, wo sich die Menschen an den Ständen mit Glühwein und Bratwürsten drängten. Es roch ganz wundervoll, nach Gewürzen wie Zimt und Nelken, nach Süßigkeiten und Magenbrot. Eddie hätte nichts dagegen gehabt, sich etwas zu essen zu kaufen, denn sein Magen fing allmählich an zu knurren. Aber daran war natürlich nicht zu denken.

Gerade hatten sie den Rand des Weihnachtsmarktes erreicht, als der Mann, den er verfolgte, stehen blieb. Eddie schob sich näher heran, um zu sehen, was er sah. Sie betrachteten die künstlich geschaffene Eislauffläche auf dem Marktplatz, auf der sich Eisläufer tummelten. Ein Mädchen fiel besonders auf; es war noch sehr jung, drehte aber eine Pirouette nach der anderen, fuhr rückwärts, machte Sprünge und Figuren wie ein Profi. Eddie betrachtete den Mann von der Seite und folgte seinem Blick: Er ruhte auf einer schlanken Gestalt mit langen braunen Haaren, die in einen dunkelbraunen Wildledermantel mit Fellbesatz gekleidet war. Sie sah verzückt dem schlittschuhlaufenden Mädchen zu, doch dann wandte sie alarmiert den Kopf, sah kurz zu ihnen herüber und lief davon.

Der Mann und Eddie folgten ihr, was nicht leicht war, denn sie schlug Haken wie ein Hase. Eddie arbeitete sich näher an ihren Verfolger heran und wartete auf einen günstigen Moment. Da, gerade als sie um eine Ecke bog, schob er seinen Fuß zwischen die Beine des Mannes. Der stolperte und fiel zu Boden, ein Passant stürzte beinahe mit ihm und sorgte für Ablenkung. Bis der Verfolger begriff, was geschehen war, war Eddie bereits um die Ecke gelaufen, hinter der Frau her, durch einige Straßen. Der Mann war abgehängt.

Nach einer Weile sah Eddie, wie die junge Frau in einem Café verschwand. Er beobachtete sie vorsichtig durchs Fenster. Sie sah verängstigt aus und besorgt, dann faltete sie kurz die Hände. Als ihr Getränk kam, wirkte sie etwas entspannter. Eddie wusste, dass es keinen Zweck hatte, sie unter Druck zu setzen. Sie hatte allen Grund, sich

Sorgen zu machen, aber es würde ihr helfen, zu wissen, dass es jemanden gab, an den sie sich wenden konnte. Er wollte ihr nicht noch mehr Angst machen, deshalb würde er nur ganz kurz mit ihr reden und sie dann in Ruhe lassen. Sie würde zu ihm kommen, das war so sicher wie das Amen in der Kirche. Wenn er mit ihr gesprochen hatte, konnte er nach Hause gehen und sich mit dem anonymen Schreiben beschäftigen. Vielleicht fand er noch etwas heraus bis zum nächsten Abend, an dem er von Unbekannt einbestellt worden war.

Eddie öffnete die Tür des Cafés und ging hinein.

19

Draußen ziehen weiße Flocken
durch die Nacht, der Sturm ist laut;
hier im Stübchen ist es trocken,
warm und einsam, stillvertraut.

Heinrich Heine

Luise schaute zum wiederholten Male aus dem Küchenfenster in das weiße Treiben hinaus und war froh, dass es in ihrem kleinen Haus so warm und trocken war. Es war schon recht ungewöhnlich, dass es im Dezember so stark schneite. Im Backofen brutzelte das Essen vor sich hin, viel zu viel für eine alte Frau. In all den Jahren, in denen sie nun schon ganz allein lebte, hatte sie sich nicht von dieser lieben Gewohnheit trennen können, an den Adventssonntagen und an Weihnachten etwas Besonderes zu kochen. Früher hatten ihr Mann und ihr Sohn dafür gesorgt, dass vom Essen nicht viel übrig blieb.

Seit elf Jahren war sie nun Witwe und der Sohn war schon lange aus dem Haus. Er war ins Ausland gezogen, sodass sie ihn, ihre Schwiegertochter und die Enkelkinder nicht oft zu sehen bekam. Das Reisen war für sie anstrengend geworden, sie war einfach nicht mehr so unternehmungslustig wie früher. Vor allem machte ihr manchmal die Arthrose in den Knien und in den Händen zu schaffen; da war sie froh, wenn sie zu Hause sein konnte. An die Gartenarbeit, die im Frühjahr wieder beginnen würde, wollte sie gar nicht denken, denn die fiel ihr von Jahr zu Jahr schwerer. Luise seufzte. Es war schon eine traurige Zeit, ganz besonders an Weihnachten – nur sie und die Gans am festlich gedeckten Esstisch. Gerade in den letzten drei oder vier Jahren schien sie sogar etwas wunderlich zu werden: Damit es nicht allzu trostlos aussah, deckte sie den Tisch an besonderen Tagen für drei Personen, ganz so wie damals, als die Familie noch zusammen war.

Luise ging hinüber ins Wohn- und Esszimmer, um die Kerzen auf dem Adventskranz anzuzünden, alle vier, denn es war der vierte Advent. Mit einem milden Lächeln dachte sie an ihre Kindheit zurück, als man auch am Weihnachtsbaum noch richtige Kerzen hatte. Natürlich waren die elektrischen viel praktischer und nicht so gefährlich, aber trotzdem – es war nur ein Kompromiss, nicht ganz das Wahre. Und erst die wunderbaren Fahrten im Pferdeschlitten durch den verschneiten Wald und über die Felder, die jedes Weihnachtsfest krönten, wenn sie den Pferden die Schellen umhängten und zur Kirche fuhren! Auf dem Heimweg, wenn es dunkel war, hatten sie Laternen angezündet und sich fest in dicke Decken gewickelt. In ihrer Heimat hatte es früher reichlich Schnee gegeben; eine Wonne für die Kinder. Luise sah wieder in den weißen Wirbel hinaus, dieses Mal ganz verträumt.

Ach, die Pferde! Sie hatte so viel Zeit ihrer Kindheit und Jugend auf einem Pferderücken verbracht, war sogar Turniere geritten, auch als junge Erwachsene noch. Aber dann war sie mit ihrem Hans in die Stadt gezogen. Sie war zwar Mitglied im örtlichen Reitverein geworden, aber das war nicht dasselbe. Jetzt war sie nur noch ganz selten dort, in den letzten Jahren sogar überhaupt nicht mehr. Ein paar Mal hatte man sie gefragt, ob sie sich um eins der Pferde kümmern würde, das mehr Bewegung brauchte, weil der Besitzer selbst keine Zeit mehr hatte und er Luise schon lange kannte und ihr vertraute. Doch daran war gar nicht zu denken, nicht mit ihren Gelenkproblemen.

Draußen wurde es dunkel. Luise setzte sich in den Fernsehsessel und nahm die Fernbedienung in die Hand, doch sie schaltete das Gerät noch nicht ein. Für ein paar Minuten saß sie einfach nur da und dachte nach, über ihr Leben, über ihren verfallenden Körper und ob es für sie noch eine Zukunft gab. Sie hätte nicht sagen können, was da noch kommen sollte. Über die Jahre war sie müde geworden und allmählich fing sie an, sich das Ende herbeizusehnen. Wieder mit ihrem Hans zusammen zu sein, das wäre schön … Endlich drückte sie die Taste und der Bildschirm flackerte auf. Sie schaute aber gar nicht richtig zu, sondern wartete nur darauf, dass der Küchenwecker klingelte.

Luise trug die Platte mit dem Braten und die Schüsseln mit Rosenkohl, Sauce und Knödeln ins Esszimmer hinüber. Sie schenkte sich ein Glas Rotwein ein und setzte sich, dann tat sie sich von allem etwas auf den Teller, neigte kurz den Kopf zum Gebet und nahm Messer und Gabel zur Hand, um zu beginnen. Gerade als sie das Fleisch schneiden wollte, klingelte es an der Haustür. Verwundert hielt Luise inne. Wer konnte das nur sein? Um diese späte Stunde, am vierten Advent und bei diesem Wetter? Sie legte ihr Besteck zur Seite, erhob sich mühsam und ging zur Tür, um zu öffnen.

Draußen standen ein junger Mann, hinter ihm, leicht an ihn gedrückt, eine junge Frau. „Ja?", fragte Luise, jetzt erst recht überrascht, weil es zwei völlig Fremde waren.

„Entschuldigen Sie bitte", sagte der Mann verlegen. „Wir möchten Sie nicht stören, aber wir haben leider unseren Schlüssel nicht dabei."

Luise verstand nicht recht, was er meinte.

„Tja, also, wir haben uns aus unserem Haus ausgeschlossen, verstehen Sie? Wir haben das Haus neben Ihrem gemietet und waren unterwegs, und als wir eben nach Hause gekommen sind, haben wir gemerkt, dass wir den Schlüssel drinnen liegen gelassen haben. Dürften wir kurz hereinkommen und einen Schlüsseldienst anrufen?"

Das war nun etwas heikel. Luise hatte natürlich davon gehört, welche Tricks sich all die Betrüger einfallen ließen, um ins Haus zu kommen und zu stehlen. Andererseits, es war Advent und sie konnte die Leute nicht einfach draußen stehen lassen. Sie schienen schon ganz durchnässt zu sein und das Schneegestöber hatte noch nicht nachgelassen. Sie trat zur Seite und ließ die beiden eintreten.

Als die Frau an ihr vorbeiging und sie schüchtern anlächelte, bemerkte Luise, dass sie schwanger war. Es konnte nicht mehr lange dauern, bis das Baby kam. Nachdem Luise die Haustür hinter dem jungen Paar geschlossen hatte, musterte sie sie kurz. Die beiden sahen nicht so aus, als ob sie schon gegessen hätten. Tatsächlich wirkten sie eher ärmlich; ihre Kleidung war abgetragen und unmodern, als stammte sie aus einem Secondhandshop oder einem Laden für Hilfsbedürftige. Die schulterlangen Haare der jungen Frau waren tropfnass und sie zitterte.

„Sie müssen erst einmal die nassen Mäntel ausziehen", forderte Luise energisch und die beiden gehorchten. Luise hängte die nassen Kleidungsstücke auf Kleiderbügel und trug sie in die warme Küche, wo sie trocknen konnten. Dann führte sie das junge Paar ins Esszimmer.

„Oh", sagte der Mann, „Sie erwarten Gäste. Da wollen wir wirklich nicht stören."

„Nein, nein", wehrte Luise ab, nun ihrerseits verlegen. „Ich erwarte eigentlich niemanden. Bitte setzen Sie sich doch. Haben Sie schon gegessen?"

Die beiden sahen sich ratlos an. Sie wollten der netten Frau nicht zur Last fallen, sondern eigentlich nur telefonieren.

„Kann ich bitte Ihr Telefon benutzen?", antwortete der junge Mann schließlich.

„Natürlich", entgegnete Luise. „Aber Ihre Frau will sich doch sicher so lange hinsetzen."

Die junge Frau nickte und nahm vor einem der unbenutzten Gedecke Platz. Luise führte den jungen Mann zum Telefon und drückte ihm ein Telefonbuch in die Hand.

„Das wird aber bestimmt ganz schön teuer heute", sagte sie.

Der Mann nickte. „Was sollen wir sonst tun? Wir müssen ja irgendwie hineinkommen."

„Sie wohnen im Haus nebenan, sagten Sie?", forschte Luise nach. Sie kannte das Haus. Nicht von innen, aber von außen. Es war kein schönes Haus, eher ziemlich heruntergekommen. Wieder nickte der junge Mann.

„Es kostet nicht viel, weil wir dem Vermieter versprochen haben, für die Renovierung zu sorgen. Ich mache die Arbeit und er übernimmt die Kosten, haben wir vereinbart. Wir sind gerade erst eingezogen. Wir wollten unbedingt weg von dort, wo wir vorher gewohnt haben. Wegen des Kindes, wissen Sie? Es war keine gute Gegend."

Luise ließ ihn allein und ging ins Esszimmer zurück. Sie bemerkte, wie die junge Frau einen hungrigen Blick auf die Platte mit dem Braten warf.

„Bitte, essen Sie doch mit mir", forderte Luise sie lächelnd auf, „dann muss ich nicht ganz allein und auch noch zwei Tage an den Resten essen."

Die junge Frau sah fragend in Richtung Tür, aber ihr Mann war noch nicht wieder aufgetaucht. „Ja, gern", sagte sie schließlich und sah zu, wie Luise ihr den Teller belud. Als der junge Mann hereinkam, wollte er sich erst noch wehren, aber da seine Frau schon ihre Portion hatte und Luise ihm kurzerhand auch einen Teller füllte, war sein Protest zwecklos und recht abrupt zu Ende.

Die beiden erwiesen sich als angenehme Gäste. Die junge Frau war zunächst sehr zurückhaltend, aber im Laufe der Mahlzeit taute sie zusehends auf. Die beiden hatten nicht viel Geld, wie sie offen zugaben, aber sie waren bestrebt, ihr neues Haus in ein gemütliches Heim zu verwandeln und ihrem Kind ein schönes Zuhause zu schaffen. Der Mann hatte endlich wieder eine Arbeit gefunden und die Zukunft sah hoffnungsvoll aus. Luise schloss die beiden schnell ins Herz.

Es dauerte lange, bis der Mann vom Schlüsseldienst klingelte. In der Zwischenzeit hatten sie gegessen, den Nachtisch genossen, hatten Weihnachtslieder gehört, sich unterhalten, ein bisschen „Mensch ärgere dich nicht" gespielt und Fotos von Luises Familie angeschaut. Zum Abschied luden die beiden ihre neue Nachbarin zum Kaffeetrinken am ersten Weihnachtsfeiertag ein. Luise sagte gerne zu und brachte das junge Paar zur Tür. Als sie sich eine gute Nacht wünschten, bemerkte Luise, dass jemand etwas auf der Fußmatte abgelegt hatte. Der junge Mann hob es für sie auf und reichte es ihr. Es war ein roter Brief, ziemlich feucht und ein bisschen schmutzig. Luise schob ihn geistesabwesend in die Tasche ihrer Strickjacke, denn mit den Gedanken war sie noch völlig bei den jungen Leuten und dem schönen Abend.

Als sie die Tür hinter ihnen geschlossen hatte, merkte Luise, dass sie immer noch lächelte. Tatsächlich hatte sie den Eindruck, dass sie seit dem Essen gar nicht mehr damit aufgehört hatte. Sie lächelte auch noch, als sie in der Küche mit dem Geschirrspülen begann. Während sie die benutzten Teller und Bestecke betrachtete, freute sie sich, dass sie in weiser Voraussicht für die beiden mitgedeckt hatte. Als sie dann zurückrechnete und überlegte, seit wann das Haus nebenan leergestanden hatte, fiel ihr auf einmal auf, dass sie seit genau jenem Winter, in dem die alten Nachbarn ausgezogen waren, in jeder Adventszeit den Tisch für drei gedeckt hatte. Sie musste eine himmlische Vorahnung gehabt haben, dachte sie, und lächelte wieder.

20

Da kommen die Fische haufenweis'
und schau'n durch das klare Fenster von Eis
und denken, der Stein wär' etwas zum Essen;
doch so sehr sie die Nase ans Eis auch pressen,
das Eis ist zu dick, das Eis ist zu alt,
sie machen sich nur die Nasen kalt.

Christian Morgenstern

Der Regen rauschte wild durch die Luft, prasselte auf die Bäume und stürzte in unzähligen kleinen Wasserfällen über die Blätter hinab zu Boden. Es war fürchterlich heiß, die Luftfeuchtigkeit war nicht auszuhalten. Carola Creszens wischte sich mit dem ohnehin nassen Taschentuch über Gesicht und Nacken, doch genauso gut hätte sie es lassen können. Ihre Leinenbluse, die Khakihose, ja, die Unterwäsche, Socken, Schuhe – alles war durchtränkt von Schweiß und jetzt auch von dieser Sturzflut, die von oben auf sie herunterdonnerte. Die Schauer während der Regenzeit auf Sumatra waren heftig, aber normalerweise kurz. Carola stand schwer atmend unter einem dicht belaubten Baum und sah zu den Männern hinüber, die ungerührt miteinander plauderten und sie ignorierten.

Dass sie in einem heiß-feuchten Regenwald durch die Gegend stolperte, war fast schon Ironie. Carola hatte sich immer gewünscht, Weihnachten im Warmen zu verbringen, verträumt an einem weißen Sandstrand, unter Palmen Cocktails schlürfend und sanft lächelnd beim Gedanken an die frostige Zeit zu Hause in Deutschland, wo es vielleicht sogar regnete und nicht mal richtig Winter wurde. In ihrer Vorstellung war da allerdings kein drückend-schwüles Klima gewesen, kein Dschungel, keine grinsenden Männer, die sie durch den Wildwuchs schleiften auf der Suche nach irgendwelchen Affen, und schon gar kein Regen. Sie hatte in ihren Träumen auch nicht tagelang dieselben stinkenden, dreckigen, nassen Kleider getragen, sondern einen Badeanzug oder höchstens mal ein leichtes Umhängetuch oder ein Trägerkleidchen. Nun war sie endlich im Warmen, aber es ging ihr komplett auf die Nerven und sie wünschte sich nach Hause.

Die Adventszeit in ihrem eigenen Heim im düster-kalt-grauen Deutschland zu verbringen, schien Carola auf einmal sehr begehrenswert. Kerzen, Plätzchen, Weihnachtsmänner, Tannengrün, dieselben gefühlsduseligen Lieder wie jedes Jahr … Man wusste eben erst, was die Traditionen wert waren, wenn es einem gelungen war, ihnen zu entfliehen. Aber Carola konnte noch nicht zurück. Sie war ja nicht zufällig in Indonesien, sondern weil sie auf der Suche war, auf der Suche nach einer Idee. Sie hatte eine Schreibblockade. Irgendwie hatte sie keine Einfälle mehr gehabt, und das war kein akzeptabler Zustand für eine Schriftstellerin in den Sechzigern, die seit nahezu dreißig Jahren Bücher schrieb. Der Verlag saß ihr im Nacken und wollte Nachschub. Man hatte ihr vorgeschlagen, einen Thriller zu schreiben, der im Ausland spielte, und nun war sie in Sumatra und schleppte sich durch die Wildnis.

Genauer gesagt war sie mit ihren Führern auf der Suche nach kleinen Affen, die Kaffeekirschen fraßen und die Bohnen dann wieder ausschieden, was zu einer angeblich unvergleichlichen Spezialität führte. Sie hatte das schon im Fernsehen gesehen und darüber gelesen. Carola hatte daran gedacht, die Handlung ihres nächsten Buches rund um den Handel mit diesem speziellen Kaffee anzusiedeln, und wollte sich vor Ort ein Bild machen. Gründliche Recherche war nun mal das A und O eines guten Buches. Eigentlich waren es auch keine Affen, die für die Delikatesse verantwortlich waren, sondern Schleichkatzen, aber weil sie genervt und müde war und die Tiere auf Bäumen lebten, sagte Carola Affen zu ihnen. Niemand zwang sie, biologisch korrekt zu sein, jedenfalls nicht hier.

Der Regen ließ nach und die Männer schlugen vor, weiterzugehen. Sie sprachen sehr gebrochen Englisch und Carola konnte sich nur mit Mühe mit ihnen verständigen. Sie fragte, wie weit es noch sei. „Almost there, almost there", war die Antwort. Etwa eine halbe Stunde später fingen die Männer an, den Boden abzusuchen, und nicht lange darauf gab es die ersten „Kopi! Kopi!"-Rufe. Carola eilte herbei. Wenn sie endlich die gefragten Kaffeebohnen gefunden hätten, könnten sie zurückgehen! Tatsächlich: Auf dem aufgeweichten, schlammigen Boden lagen kleine Würstchen aneinandergeklebter, heller Bohnen. Carola holte ihre Kamera hervor und machte Aufnahmen: von dem Häufchen, von den Männern, von den Bäumen und den Blättern vor ihrer Nase. Leider war weit und breit keine dieser Schleichkatzen zu sehen. Aber damit hatte sie auch nicht gerechnet, da die Tiere sich tagsüber hoch oben im Geäst verkrochen. Immerhin hatte sie sich schon ein paar Exemplare in Bukittinggi im Zoo angesehen.

Diese Ansammlung von Exkrementen war dann wohl so etwas wie ihr Weihnachtsgeschenk, denn es war schon Glück, auf Anhieb einen solchen Fund zu machen. Carola holte ein Tütchen aus ihrem Rucksack, stülpte es um, steckte die Hand hinein und griff damit nach dem Beweismittel. Es war nicht direkt ekelerregend, aber der Gedanke, diese Bohnen möglicherweise zu Kaffee verarbeitet zu sich zu nehmen, schien ihr auch nicht unbedingt verlockend. Kaum zu fassen, dass ein Kilo der gerösteten Bohnen in Europa bis zu tausend Euro kosten konnte. Bedauerlicherweise führte dieser hohe Preis dazu, dass Einheimische die Tiere fingen und so lange mit Kaffeekirschen fütterten, bis diese daran starben. Irgendwo in dieser ganzen Sache konnte eine gute Story lauern, aber bis jetzt hatte sie sie noch nicht gefunden. Es fehlte Carola noch dieser „Klick", mit dem sie normalerweise auf eine Sache ansprang. Vielleicht hatte sie auch noch nicht genügend Fakten, um sie zu einem guten Plot zu verbinden, aber wo sollte sie die herbekommen?

„Okay, let's go back", forderte sie ihren Führertrupp auf. Wenn sie sich ins Zeug legten, konnten sie bis zum Abend im Hotel sein. Sie musste eben die Zähne zusammenbeißen und ihre schmerzenden Gelenke, den Schweiß, die an ihr klebenden Kleidungsstücke, den juckenden Kopf und die unzähligen Blasen an ihren Füßen ignorieren. Wirklich, sie hatte selten mit so viel körperlichem Einsatz recherchiert, und noch immer war nicht klar, ob es sich überhaupt lohnte. Vielleicht sollte sie besser einen Krimi schreiben, mit einem Privatdetektiv in der Hauptrolle und einer jungen Frau in Bedrängnis; so richtig etwas aus der alten Schule, wie für eine Verfilmung mit Humphrey Bogart als Philip Marlowe gemacht. Allerdings hatte sie noch nie einen Krimi geschrieben; sie müsste erst einen Fall konstruieren, oder einen finden, den sie als Vorlage nehmen konnte. Und das gelang ihr am besten zu Hause. Carola hatte genug von Sumatra und vom Urwald, von der Regenzeit und Temperaturen von über 30°C. Wenn sie gleich am nächsten Tag einen Flug bekam, konnte sie die Feiertage in ihrem eigenen Heim verbringen!

Unterwegs summte Carola Weihnachtslieder vor sich hin. Die Männer warfen ihr deshalb öfter belustigte Blicke zu. Als sie einen dieser Blicke mit einem strafenden Stirnrunzeln erwiderte, achtete sie nicht darauf, wo sie hintrat, stolperte über eine Wurzel und fiel der Länge nach in den Matsch. Ihr Führertrupp fand das recht amüsant, doch Carola spürte, dass sie sich den Fuß verstaucht hatte. Sie konnte kaum noch auftreten. Ihren Begleitern wurde schnell klar, dass sie so nicht mehr vor Einbruch der Nacht das Hotel erreichen würden. Sie brachten Carola in ein kleines Dorf, wo sie zu essen und zu trinken bekamen und ihr Fuß verbunden wurde. Die Nacht verbrachte Carola in einer stickigen kleinen Hütte auf einer viel zu harten Matte, wohl dem Gästebett der Familie. Am nächsten Morgen brachen sie früh auf. Jemand stellte sein Auto zur Verfügung und fuhr sie zum Hotel.

Gegen Mittag humpelte Carola erschöpft und mit einem enorm angeschwollenen Knöchel zur Rezeption. Dort drückte man ihr einen dicken roten Brief in die Hand, forderte den Arzt an und brachte sie auf ihr Zimmer. Unter der Dusche dachte Carola, das sei jetzt aber wirklich das allerbeste Weihnachtsgeschenk – sich endlich wieder waschen zu können und frische Kleider anzuziehen. Wie dankbar man für solche grundlegenden Dinge wurde, wenn man länger auf sie verzichten musste! Oder nein, das ultimative Weihnachtsgeschenk wäre ein schmerzfreier Fuß. Oder vielleicht eine umwerfende Idee für ihr Buch. Carola konnte sich nicht entscheiden, es war alles wichtig.

Sie blieb eine halbe Stunde unter dem frischen, klaren Wasser stehen, schrubbte an sich herum und genoss einfach nur das neue Gefühl von Sauberkeit. Nachdem der Arzt bei ihr gewesen war und sie versorgt hatte, fühlte sie sich fast wiederhergestellt. Dann öffnete Carola den Brief und las mit wachsender Neugier die Karte.

Dieses Jahr sollst du ein außergewöhnliches, ganz einmaliges Weihnachtsgeschenk erhalten. Komme am 24. Dezember um 23 Uhr in die Grüne Kapelle.

Zu dumm, dass sie gestürzt war, dadurch hatte sie einen Tag verloren. Als Schriftstellerin würde sie natürlich zu diesem Treffen in der Kapelle gehen, aber sie wusste nicht, ob sie es schaffen konnte. Wenn sie gleich am nächsten Morgen einen Flieger bekäme, wäre sie rechtzeitig zurück, um abends an der angegebenen Stelle zu sein. Ja, so könnte es klappen. Sie wollte auf jeden Fall der Einladung folgen. Carola hob den Telefonhörer ab, um sich um einen Flug zu kümmern. Während sie wartete, fing sie an, Sachen in ihre Tasche zu stopfen. Wieso um alles in der Welt besaß sie eigentlich zwei Notebooks, und warum hatte sie auch noch beide mitgenommen? Sie schüttelte den Kopf über sich selbst. Aber egal, sie würde Weihnachten zu Hause sein und so schnell nicht mehr von einem Fest in der Südsee träumen. Was das anging, war sie gründlich kuriert. Sie freute sich auf Schnee, Kälte und Christstollen und auf einen interessanten Abend in der Grünen Kapelle.

21

Staunend schaun wir auf und nieder,
hin und her und immer wieder.

Johann Wolfgang von Goethe

$\mathcal{D}$as war eine verrückte Adventszeit! Petra zog mechanisch die Waren über den Scanner. Die lange Schlange wollte nicht kürzer werden; nicht nur bei ihr, sondern auch an den anderen fünf offenen Kassen. So kurz vor Weihnachten kauften die Leute wie von Sinnen ein. Aber nicht nur das Verhalten ihrer Kunden, die auch noch immer gereizter wurden, je näher das Fest kam, war verrückt, sondern auch dieser Christbaum, den sie von einem Unbekannten geschenkt bekommen hatten. Ihr Sohn Johnny machte sich vielleicht keine Gedanken darum, sondern fand das schlicht großartig, aber sie wusste wirklich nicht, was sie davon halten sollte. Das war doch nicht normal! Man schenkte doch niemandem einen riesengroßen, vollständig geschmückten Weihnachtsbaum! Was, wenn irgendein Irrer dafür verantwortlich war, jemand, der sie beobachtete und verfolgte?

„Hundertsiebenunddreißig achtundvierzig, bitte", sagte Petra und dachte gleichzeitig, dass sie vielleicht selbst die Irre war. Konnte sie denn ein Geschenk nicht einfach annehmen und dankbar sein? In was für einer Welt lebten sie, dass sie sich Sorgen machte, weil jemand ihnen eine Freude bereiten wollte? Aber sie war eine alleinstehende Frau und Mutter, sie musste stets auf der Hut sein. Vielleicht war es einer dieser seltsamen Einfälle ihres Ex-Mannes – aber das war sehr unwahrscheinlich. Er hatte vor Monaten seine Arbeit verloren und konnte keinen Unterhalt mehr zahlen. Angeblich. Ob es nun wahr war oder nicht – wenn er sich solche Extravaganzen leisten konnte, durfte er damit rechnen, demnächst wieder zahlen zu müssen, und dazu war er zu sehr auf seinen Vorteil bedacht. Nein, ihr Ex-Mann schied definitiv aus.

Ein ganzer Tross Jugendlicher stürmte an die Kassen. Ganz in der

Nähe lag eine Berufsschule und die Schüler kamen praktisch in jeder längeren Pause und in jeder Freistunde in den Laden, um sich einzudecken, hauptsächlich mit Süßigkeiten und Getränken. Ihr Sohn würde im Herbst vielleicht auch auf diese Schule gehen. Johnny war ein guter Junge, das dachte Petra oft; er würde bestimmt leicht einen Ausbildungsplatz finden. Jeder Betrieb konnte sich glücklich schätzen, ihn einzustellen. Aber natürlich war sie als seine Mutter sehr voreingenommen.

Die Stunden zogen sich dahin und Petra war heilfroh, als sie am Abend endlich Feierabend hatte. Manchmal fragte sie sich, was sie hier eigentlich verloren hatte. Wie kam sie an die Kasse eines Supermarktes? Wie hatte ihr Leben nur so verlaufen können? Es lag wohl an Weihnachten, dass sie zurzeit so trübe Gedanken hatte, und ganz sicher kam es von diesem Christbaum. Eigentlich sollte sie Gott dankbar sein, dass er ihr einen guten Sohn und einen schönen Weihnachtsbaum geschenkt hatte, aber stattdessen haderte sie mit sich, weil sie nicht in der Lage war, selbst einen Baum zu kaufen. Sie haderte auch mit Gott, wenn sie ehrlich war, weil er aus ihr das gemacht hatte, was sie jetzt war: eine unterbezahlte, ängstliche, langweilige Kassiererin.

Vor zwanzig Jahren hatte sie noch andere Pläne gehabt: Sie hatte Kunst an der Akademie studiert und ein aufregendes Leben geführt. Sie war in die Künstlerszene eingetaucht, hatte die exzentrischen Menschen um sich herum genossen, den Austausch und die Anregungen, die sie für ihre Arbeit erhielt. Sie hatte nicht an Ehe, Mann und Kinder gedacht, hatte malen und viel reisen wollen, berühmte Künstler kennenlernen, die Welt auf ihre Weise interpretieren. Hin und wieder war sie zur Kirche gegangen, aber das hatte sich immer mehr verloren, war zu einem Relikt ihrer Jugendzeit geworden, in der sie noch hingebungsvoll Jesus nachfolgen wollte. Sie war natürlich dankbar für ihr Talent gewesen, überaus dankbar – aber vielleicht auch zunehmend hochmütig, wie Petra rückblickend zugeben musste.

Ja, alles hatte so rosig ausgesehen, warum war es nicht so weitergegangen? Sie wusste, was geschehen war: Sie hatte Luis getroffen, er hatte sie praktisch überrannt und vom Fleck weg geheiratet. Sie war schwanger geworden, und ehe sie sich versah, saß sie zu Hause mit einem Baby, und Luis war den ganzen Tag weg in seinem neuen Vertreterjob. Sie hatte aufgehört zu malen, hatte sich über Luis geärgert und über sich selbst – am allermeisten aber über Gott, weshalb sie auch aufgehört hatte zu beten. Das war das Leben der Petra Müller-Burn, seit der Scheidung nur noch Müller. Die Ehe war zerbrochen; nach der Trennung hatte sie eine Arbeit gebraucht, aber ohne Ausbildung und Berufserfahrung wollte niemand eine talentierte Malerin ohne Studienabschluss einstellen – bis sie bei diesem Supermarkt gelandet war. So war sie hierhergekommen.

Zu Hause wartete nur der Christbaum auf Petra, Johnny war bei einem Freund. Sie starrte den Baum vorwurfsvoll an, schaltete dann aber doch die Lichter ein. Dieser Baum war schuld, dass sie sich so mies fühlte!

In der Küche lag die Post auf dem Tisch. Ein roter Umschlag für sie war dabei, das erstaunte Petra. Johnny hatte auch so einen bekommen, die Adresse war in der gleichen Schrift geschrieben gewesen und auch dieser Brief war ohne Absender. Nun war also auch sie zu diesem geheimnisvollen Treffen am Heiligen Abend eingeladen. Aber sie wäre sowieso mitgegangen, um Johnny zu begleiten, falls er zu dem Treffen wollte. Sie hätte ihn nicht mitten in der Nacht alleine gehen lassen.

Der Baum, diese Karten ... Was hatte es damit nur auf sich? Petra hatte das Gefühl, dass alles in einem Zusammenhang stand, doch sie hatte keine Ahnung, in welchem. Es wurmte sie, dass sie nicht mehr wusste und sich eher hilflos fühlte. Sie nahm die Karte mit ins Wohnzimmer und betrachtete wieder den Christbaum. Auf der Karte war auch so ein Baum. Die beiden sahen sich sehr ähnlich und erinnerten Petra aus irgendeinem Grund an ein Bild, das sie einmal gemalt hatte. Es war ganz bestimmt keines mit einem Weihnachtsbaum gewesen, aber irgendeine Gemeinsamkeit musste es geben. Es war so lange her, dass sie einen Pinsel in der Hand gehalten hatte – sechzehn Jahre vielleicht, oder siebzehn.

Sie hatte oft überlegt, wieder mit dem Malen anzufangen, aber immer wenn sie vor dem Schrank mit ihren Malutensilien stand, hatte sie es sich anders überlegt. Es war ein großes Risiko und das machte ihr Angst. Was, wenn sie es nicht mehr konnte? Wenn sie die Technik verlernt hatte, nicht mehr das Gefühl für den Pinsel und die Farben besaß? Was, wenn sie nur noch kindliche Klecksereien auf die Leinwand brachte? Ganz bestimmt hatte sie alle Übung und Fertigkeit verloren. Malen war schließlich nicht wie Fahrradfahren, wo man sich noch nach Jahren einfach auf ein Rad setzte und es wieder konnte!

Petras Hände zitterten, als sie sich nur vorstellte, den Pinsel hochzunehmen, in die Farbe zu tauchen und auf der Leinwand aufzusetzen. Das alles war aber noch gar nichts gegen die größte und schlimmste aller Ängste: Was, wenn sie nichts mehr zu sagen hatte? Technik konnte man wieder lernen, Übung kam mit der Zeit, aber nicht der Inhalt. Sie hatte noch nie einfach nur etwas abmalen wollen: Blumen, Berge, Tiere, Häuser. Sie wollte etwas mitteilen, etwas aus ihrem Inneren, von ihren Gedanken, Träumen, Hoffnungen und Ängsten, sie wollte Botschaften, Geschichten, Mahnungen weitergeben, Menschen aufrütteln und bewegen. Doch ihr Leben war so langweilig und grau, was konnte sie da schon an Mitteilenswertem finden?

Petra ging in die Küche, um zu überlegen, was sie an Weihnachten kochen sollte. Sie besaß eine Mappe mit Rezepten ihrer Mutter, die eine unglaublich einfallsreiche Köchin gewesen war und immer wieder Neues ausprobiert hatte. Sie hatte für ihr Leben gern gekocht und gebacken, so wie ihr Vater seinen Garten geliebt und Blumen gezüchtet hatte. Ja, es war kein Wunder, dass Petra ihren Weg in der Kunst gesehen hatte, bei so kreativen Eltern. Kreativität kannte viele Formen, das war ihr schon als Kind klar gewesen. Sie wünschte nur, sie könnte mehr davon an Johnny weitergeben. In dieser Beziehung war sie ihm ein schlechtes Vorbild.

Petra suchte das Rezept für Festtagsbrot heraus, ein absolutes Geheimrezept ihrer Mutter, und noch zwei andere, die sie vielleicht nachkochen würde.

Nach dem Abendessen ging Petra leise in ihr Schlafzimmer und öffnete den Schrank. Da stand das ganze Zeug, noch immer so, wie sie es nach dem Umzug eingeräumt hatte. Sie hatte es seither nicht mehr angefasst. Vorsichtig streckte sie die Hand aus und berührte die Staffelei, die leere Leinwand, die noch immer auf sie zu warten schien; dann strich sie über die Pinsel. Ein vertrautes Gefühl. Es weckte die Sehnsucht in ihr.

„Herr", dachte sie, „gibt es noch Hoffnung? Hoffnung für mich und die Leinwand? Hoffnung für dich und mich?"

Sie zog die Malsachen heraus und roch daran. Mit einem Schlag fühlte sie sich um zwanzig Jahre zurückversetzt. Plötzlich wusste sie nicht mehr, warum sie so lange gezögert hatte. Wie hatte es so weit kommen können, dass sie Angst hatte zu malen? Sie wollte nichts anderes als das; es war ihr Leben gewesen. Wie hatte sie es nur ohne ihre Farben aushalten können?

Petra nahm alles mit ins Wohnzimmer hinüber und baute es auf, dann zog sie sich um. Als sie vor der Leinwand stand und die leere Fläche ansah, fühlte sie Freude, Zuversicht und Tatendurst.

„Gott, ich möchte, dass es mit uns wieder so wird wie früher. Viel zu lange habe ich dich nicht beachtet und auch nicht das Talent, das du mir gegeben hast. Das hier soll mein Neuanfang sein."

Ihre Augen wurden feucht, als sie in ihrem Inneren die liebevolle Antwort vernahm. Sie tauchte die Pinselspitze in die Farbe und hob den Arm zur Leinwand. Es war wie Heimkommen. Aus dem Augenwinkel sah sie den geschenkten Weihnachtsbaum und die rote Karte in einem neuen Licht. Eine wirklich verrückte Adventszeit war das!

Preiselbeerbrot

Zutaten:
150 g brauner Zucker
225 g Mehl
2 TL Backpulver
1/2 TL Natron
1 TL Meersalz
100 g Wal- oder Pekannüsse
125 g getrocknete Cranberries
1 EL Weizenkeimöl
180 ml frischer Orangensaft
1 Ei, leicht aufgeschlagen

Zubereitung:
Den Ofen auf 175°C (Umluft) vorwärmen. Eine kleine Kastenform einfetten.

Die trockenen und die flüssigen Zutaten getrennt miteinander vermischen, dann die flüssigen zu den trockenen geben. Langsam vermengen, damit die Früchte und Nüsse in groben Stücken bleiben und nicht zu Brei verrührt werden.

Die Masse in die vorbereiteten Kuchenform füllen und etwa 40–45 Minuten backen. Aus dem Ofen nehmen, stürzen und auf einem Drahtgitter erkalten lassen.

Wer gern ein stärkeres Orangenaroma mag, kann dem Teig vor dem Backen die abgeriebene Schale von zwei Orangen hinzufügen.

22

Hand schmiegt sich an Hand im engen Kreise
und das alte Lied von Gott und Christ
bebt durch Seelen und verkündet leise,
dass die kleinste Welt die größte ist.

Joachim Ringelnatz

Was machen Motorradfahrer im Winter? Sie träumen von kurvigen Straßen, dem Frühling und dem Geräusch ihrer Maschinen. Sebastian war da keine Ausnahme: Selbst mit seinen vierundfünfzig Jahren war er noch immer ein begeisterter Biker, zum Leidwesen seiner Frau, aber mit verhohlenem Beifall seiner fünf Kinder, die mehr oder weniger alle selbst schon erwachsen waren. Merkwürdig genug, dass er seinen Nachwuchs nicht mit seiner Begeisterung infiziert hatte, aber keiner seiner Söhne und keine seiner Töchter hatte jemals den Wunsch verspürt, selbst den Wind um die Nase und den Duft von Freiheit zu erleben. Der Winter kam Sebastian für gewöhnlich wie eine lange Durststrecke vor. Mit Ausnahme der Weihnachtszeit, denn da hatte er so viel zu tun, dass er kaum Muße fand, an sein treues Stahlross zu denken. Und wenn die Feiertage und Neujahr endlich vorbei waren, wurde es schon langsam wieder Zeit, die Maschine auf Vordermann zu bringen und für die nächste Saison flottzumachen. Dann würde er etliche Nachmittage und Abende in der Garage verbringen und schrauben, polieren, einstellen und die Batterie, Flüssigkeitsstände und den Reifendruck überprüfen.

Dieses Jahr war die Adventszeit noch hektischer als sonst, denn die ganze Großfamilie würde Weihnachten bei ihnen verbringen. Lotta, Sebastians Frau, stand kopf; die Kinder, die noch zu Hause wohnten – Sören und Britta – beklagten sich über den Stress; und Sebastian fragte sich immer wieder, wo sie die Verwandtschaft nur unterbringen sollten. Sie hatten langlebige Angehörige; sowohl seine Eltern als auch die seiner Frau waren noch gesund und munter. Dazu kamen Geschwister von ihm und von Lotta, jeweils mit Kindern, und ihre eigenen Söhne und Töchter – kurz gesagt, sie würden rund fünfundzwanzig Personen sein. Das war ein logistischer Wahnsinn! Lottas Idee natürlich. Sie hatte eine Schwäche für große Familienfeiern.

Wochenlang hatten sie geplant und nun war es so weit, dass sie ihr Haus umräumten. In die Kinderzimmer kamen geliehene Liegen und Matratzen. Die Kinder, die nicht mehr zu Hause wohnten, mussten über die Feiertage bei Sören und Britta schlafen – unter viel Protest – und am Ende fehlten immer noch vier Schlafplätze. Sebastian ließ sich schwer atmend auf einer Pritsche nieder und schloss für einen Moment die Augen. In Gedanken fuhr er seine Lieblingsstrecke ab, sein Motorrad schnurrte unter ihm, die Sonne brannte ihm auf die Ledermontur ...

„Basti?"

Er fuhr erschrocken hoch. „Ja?"

„Du kannst doch jetzt nicht schlafen! Wir brauchen noch vier Betten!" Lotta stemmte die Hände in die Seiten und warf ihm einen ungläubigen Blick zu.

„Ich habe nicht geschlafen, ich wollte mich nur kurz ausruhen. Das ist anstrengend und ich bin nicht mehr der Jüngste."

„Was meinst du, ob wir in der Garage schlafen könnten?", fragte Lotta ernsthaft.

Sebastian verstand nicht, was sie meinte. „Wieso? Wir schlafen doch im Schlafzimmer."

„Aber natürlich nicht! Das überlassen wir meinen Eltern. Wir können sie unmöglich auf irgendwelchen Feldbetten schlafen lassen. Du weißt doch, dass meine Mutter nicht gut schläft, und mein Vater hat es im Kreuz."

Sebastian schickte ein Stoßgebet zum Himmel und bat Gott um Kraft und Geduld. Das ging doch wirklich zu weit! „Du hast nie etwas davon gesagt, dass wir unsere Betten hergeben müssen. Wenn ich das gewusst hätte "

Lotta lächelte ihn an. „Dann hättest du trotzdem zugestimmt."

Sebastian brummte einen halbherzigen Widerspruch. Er wusste, dass er keine Chance hatte. „Aber was ist mit meinem Motorrad? Und dem ganzen Werkzeug und den Fahrrädern?"

Sie hatten schon lange kein Auto mehr in der Garage stehen; für den Wagen hatten sie vor einigen Jahren einen Carport ans Haus gebaut.

„Dafür muss es doch einen anderen Platz geben. Die Garage ist immerhin beheizbar."

„Du meinst den kleinen Elektroheizer."

„Genau."

Er sollte sein Motorrad irgendwo im Freien hinstellen? Das gab Sebastian einen Stich. Lotta verlangte zu viel! Die Maschine war empfindlich, die Kälte würde ihr nicht bekommen, sie würde vielleicht Rost ansetzen und wer weiß was alles. Hatte die Abdeckfolie nicht Löcher? Aber halt, sie konnten doch sicher auch Platz für die Feldbetten finden, wenn sie sein Bike in der Garage ließen?! Sebastian schmolz das Herz bei dem Gedanken, neben seiner Yamaha schlafen zu können. Zwischen Motorrad und Lotta zu liegen – das käme schon verdächtig nahe an seine Vorstellung vom Paradies heran. Ob er zu Weihnachten die beheizten Handschuhe bekam, die er sich wünschte? Immerhin hatte er in diesem Jahr seine Versicherung von saisonal auf ganzjährig umgestellt, er konnte also endlich auch im Winter fahren. Nur das Streusalz machte ihm Sorgen; es würde dem Motorrad sicher nicht guttun.

„Hörst du mir eigentlich zu?"

Sebastian zuckte zusammen. „Wieso? Was hast du gesagt?"

Lotta seufzte demonstrativ. „Ich sagte, wir können das Motorrad vielleicht sogar in der Garage stehen lassen, wenn der Platz reicht."

Sebastian bekam leuchtende Augen. Hatte er nicht die beste Ehefrau von allen? Sie las seine Gedanken von ferne! Er ging zu ihr und nahm sie in den Arm.

Lotta lachte: „Ja, ich habe mir schon gedacht, dass dich das glücklich machen würde." Dann befreite sie sich. „Also bist du damit einverstanden, dass wir meinen Eltern unser Bett überlassen?"

„Wenn es denn sein muss ..."

„Gut, dann lass uns mal überlegen, wo wir noch vier weitere Schlafstellen unterbringen können."

„Ich dachte, jetzt wären es nur noch zwei?!"

„Leider nein, meine Eltern hatte ich bei der Rechnung gar nicht miteinbezogen."

Wenn Weihnachten vorüber war, konnten sie ein Hotel aufmachen, dachte Sebastian sarkastisch. „Vielleicht im Gartenhaus?"

„Das kann nicht dein Ernst sein!", widersprach Lotta mit zusammengezogenen Augenbrauen.

Natürlich war es nur ein Witz – das Gartenhaus war winzig und eiskalt, außerdem vollgestellt mit Gartengeräten. „Im Keller, auf dem Dachboden, im Wohnzimmer ...?", zählte Sebastian auf.

„Papa, Telefon!", rief Britta aus dem Erdgeschoss.

Sebastian war erleichtert, dass er sich für eine Weile in sein Büro zurückziehen konnte und nicht mehr über diese gigantische Weihnachtsaktion nachdenken musste.

„Ich dachte da eher an dein Arbeitszimmer!", rief Lotta ihm nach, während er die Treppe hinuntereilte. Ach so, sein Arbeitszimmer würde also auch zu einem Bettenlager umfunktioniert werden! Sebastian ließ sich auf den Drehstuhl fallen und griff nach dem Telefon. Auf dem Schreibtisch lag seine Post, obenauf ein dicker roter Weihnachtsbrief. Sicher von jemandem aus seiner Gemeinde.

„Lemm", meldete er sich.

„Hallo Herr Pfarrer, hier spricht Wedemeyer." Oskar Wedemeyer war einer der Gemeindeältesten.

„Ah, Herr Wedemeyer, Sie rufen sicher wegen der Suppenküche an." Die Suppenküche war ein neues Projekt, mit dem sie im Januar starten wollten.

„Ja. Leider habe ich keine guten Neuigkeiten. Einer der Sponsoren ist abgesprungen. Nun haben wir niemanden mehr, der uns Backwaren liefert."

„Oh", entfuhr es Sebastian bedauernd. Das war in der Tat eine schlechte Nachricht.

„Wo sollen wir so kurzfristig einen Ersatz finden?", fragte Herr Wedemeyer. „Es wird äußerst schwierig werden, zum geplanten Termin loszulegen."

„Ja, da haben Sie recht", stimmte Sebastian zu. „Im Moment fällt mir nur eines ein, was wir tun können: beten. Wir werden die Sache dem Herrn anbefehlen, vielleicht könnten Sie das dem Ältestenkreis weitergeben."

Der Älteste sagte das gerne zu.

„Und Herr Wedemeyer: Werde ich Sie im Januar in unserer neuen Männergruppe sehen?" Bei dieser Frage musste Sebastian schmunzeln, denn Herr Wedemeyer war von seinem Naturell her eher steif und förmlich, nicht unbedingt der Typ Mann, den man in einer Männergruppe erwartete.

„Äh ...", wand er sich dann auch am Telefon, „ich überlege noch."

Sebastian beließ es dabei und verabschiedete sich. Als er aufgelegt hatte, brachte er sein neues Anliegen vor Gott, dann überlegte er. Oben wartete Lotta auf ihn, aber sie wusste ja nicht, wie lange sein Gespräch dauern würde. Es wäre sicher in Ordnung, wenn er ganz kurz in die Garage hinüberhuschen würde, um nach seinem Bike zu sehen. Er musste ohnehin überprüfen, ob der Platz für zwei Liegen ausreichte.

In der Garage war es kalt. Sebastian schaltete das Licht ein. Da stand sie, seine Yamaha, und wartete geduldig auf ihn. Liebevoll ließ er seine Finger über den Lack gleiten. Die Maschine war geputzt und glänzte, eigentlich hätten sie sofort losfahren können. Sebastian sah aus dem Fenster. Es war bewölkt und sah nach Schnee aus. Zu dumm! Aber gut, ein paar Tage oder Wochen konnte er wohl noch warten. Bei der Aussicht, über die Feiertage hier zu schlafen, fühlte er sich wie ein kleiner Junge, dem man ein Eis versprochen hatte. Vor seinem inneren Auge zogen Visionen auf, wie sie den Weihnachtsbaum in der Garage aufstellten und schmückten, Geschenke darunterlegten und dann die Familie riefen, die freudig strahlend herbeigeeilt kam, alle Mann, die bei ihnen wohnten und ihre Betten belegten. Sie standen um den Baum herum, der leuchtete und glitzerte, und sangen Weihnachtslieder. Er stand zwischen Lotta und dem Motorrad. Sebastian musste eine Träne der Rührung hinunterschlucken und bekam gar nicht mit, dass Lotta ihn von draußen rief.

23

Und sinkt die Weihnacht nieder, dann gibt es lichten Schein,
das leuchtet Alt' und Jungen ins Herz hinein.

Albert Sergel

Wie wundervoll! Auf der Eisfläche, die auf dem Marktplatz eigens zur Eröffnung des Weihnachtsmarktes angelegt worden war, drehte ein Mädchen mit langen geflochtenen Zöpfen Kreise und Pirouetten. Sie war noch sehr jung, elf Jahre vielleicht, aber sie bewegte sich auf den Schlittschuhen, als wäre sie damit geboren worden. Alena hätte ihr stundenlang zusehen können. Das Eis und die Läufer erinnerten sie an zu Hause, an Russland, wo die Winter bitterkalt und fürchterlich lang waren, aber von atemberaubender Schönheit. Wie groß war ihre Sehnsucht nach ihrer Heimat! Gerade jetzt in der Vorweihnachtszeit fehlte ihr ihre Familie ganz besonders; die gemeinsamen Mahlzeiten, der Schnee, der Frost, und auch die Sprache. Sie hatte nicht erwartet, ihre Muttersprache so sehr zu vermissen, als sie abgereist war, um ein Jahr in Deutschland zu studieren.

Alenas Blick fiel auf einen Mann, der sich zwischen den Besuchern des Weihnachtsmarktes hindurchschlängelte. Eilig hastete sie davon. Wenn er sie nur nicht gesehen hatte! Sie hatte ganz bestimmt nicht in die Sache verwickelt werden wollen, aber das würde ihn nicht interessieren, genauso wenig wie die anderen der Bande. Sie wusste zu viel und folglich gab es nur eines, was man noch mit ihr tun konnte: Sie für immer loswerden. Alena ging so schnell wie möglich durch die festlich geschmückten Straßen der Innenstadt. Zu laufen wagte sie nicht, weil sie keine Aufmerksamkeit erregen wollte. Häufig sah sie über ihre Schulter, um sich zu vergewissern, dass ihr niemand folgte. Schließlich drückte sie sich in einen Hauseingang, verharrte kurz und schlüpfte dann durch die Tür in ein Café. In einer versteckten Ecke ließ sie sich nieder, legte ihren Mantel ab und atmete durch.

Es war tragisch, dass diese Sache ihr die Weihnachtszeit verdarb.

Schlimm genug, dass sie zufällig Zeugin gewisser illegaler Machenschaften geworden war, eine Zeugin, die nun aus dem Weg geschafft werden musste. Der Vermieter ihrer kleinen Einzimmerwohnung in der Luisenstraße war ihr vertrauenswürdig vorgekommen, weil er ein Landsmann war. Tatsächlich hatte sie die Wohnung nur bekommen, weil sie Russin war, das hatte er ihr gesagt. „Wir Russen müssen doch zusammenhalten, stimmt's?", war sein Kommentar gewesen, als sie den Mietvertrag unterschrieb. Deshalb hätte sie sich nie träumen lassen, dass er in verabscheuungswürdige Geschäfte verstrickt war – Menschenhandel! Vor drei Tagen erst hatte sie es herausgefunden, als sie in dem kleinen Gebäude im Hof ein Gesicht am Fenster entdeckt hatte. Das Mädchen hatte sie herangewunken, sie war zu ihr gegangen und hatte mit ihr durch ein Loch in der Scheibe gesprochen. Dann war ein Mann aufgetaucht und sie war davongelaufen, um ihr Leben gerannt und mit dem Wenigen entkommen, das sie bei sich gehabt hatte. Seither war ihr Leben nicht mehr sicher.

Dass das ausgerechnet in der Adventszeit passieren musste, verdoppelte ihr Leiden und ihren Kummer. Alena liebte Weihnachten. Sie dachte gerne daran, dass Jesus als Baby in die Welt gekommen war, um die Menschheit zu erlösen. Zu Hause wurde jedes Jahr die Weihnachtsgeschichte gelesen. Sie hätte sie auswendig mitsprechen können, aber immer wieder hörte sie sie mit derselben Faszination und Freude.

Doch wie würde das Fest dieses Jahr für sie aussehen? Nicht nur war sie fern von ihrer Familie und ihrem Land, sie befand sich außerdem auf der Flucht. Sie konnte nicht mehr in ihre Wohnung zurück und wusste nicht, wo sie Weihnachten verbringen sollte. Für ein paar Tage war sie in der Jugendherberge untergekommen, doch dort konnte sie nicht bleiben. Das Haus wurde am Vierundzwanzigsten für die Feiertage geschlossen; morgen musste sie also ausziehen.

Als sie den bestellten Tee bekommen hatte, entspannte sich Alena. Sie wandte sich an Gott. „Herr", betete sie still, „ich bin in diese Situation unabsichtlich hineingeraten und habe große Angst. Ich weiß nicht, wozu diese Leute fähig sind. Ich kann nirgendwo hin. Die Polizei kann mir nicht helfen. Sie werden mir nicht glauben; inzwischen haben die Verbrecher ihr Versteck sicher längst geräumt. Ich brauche ein Zimmer oder eine Wohnung. Doch egal, was ich tue, sie werden mich ausfindig machen. Ach bitte, hilf mir! Lass mich jetzt nicht alleine! Bitte sage mir, was ich tun soll!" Alenas Augen füllten sich mit Tränen, ein leichter Schauer lief ihr über den Rücken. Sobald sie an die Männer dachte, überfiel sie Furcht. Sie hatte sich noch nie so allein gefühlt, doch sie klammerte sich an den Glauben, dass Jesus bei ihr war und sie nicht im Stich lassen würde. Er würde ihr einen Weg zeigen und über sie wachen.

Ein fremder Mann setzte sich unaufgefordert zu ihr an den Tisch. Alena zuckte zusammen, wollte aufspringen und weglaufen, doch der Mann legte ihr beruhigend eine Hand auf den Arm.

„Keine Angst, ich tue Ihnen nichts. Mein Name ist Eddie von Tatten, ich bin Privatdetektiv. Ich würde gerne mit Ihnen sprechen; Sie wissen schon, weshalb."

Alena starrte den Detektiv mit aufgerissenen Augen an. Er war ein unauffälliger Mann, aber auf gewisse Art vertrauenerweckend. Sie schüttelte den Kopf. „Nein, ich kann nicht. Das wage ich nicht." Ihr Deutsch klang gebrochen, der russische Akzent trat noch stärker hervor als sonst, weil sie so angespannt war.

„Hören Sie, ich weiß, dass Sie sich fürchten. Aber wir müssen diese Schieber festsetzen. Ich will ihren Opfern helfen. Sie sind momentan meine einzige Hoffnung! Wenn Sie mir nicht sagen, was Sie wissen, kann ich nichts gegen die Bande unternehmen. Verstehen Sie das? Und ich möchte Ihnen gerne helfen. Ich weiß, dass Sie verfolgt werden."

Alena nickte.

„Hier." Eddie von Tatten schob ihr seine Visitenkarte hin. „Denken Sie darüber nach und rufen Sie mich an. Tagsüber oder nachts, okay?"

Ehe Alena etwas erwidern konnte, war der Detektiv verschwunden. Verwirrt nahm sie die Karte vom Tisch und steckte sie ein. Es war Zeit zu gehen. Wenn er sie finden konnte, dann sicherlich auch andere. Sie legte das Geld für den Tee auf den Tisch, zog ihren Mantel an und trat vor die Tür. Die kalte Luft biss ihr in die Nase, doch das machte ihr nichts. Sie war Kälte gewohnt. Die Nacht würde bald hereinbrechen und es war besser, sich auf den Weg zur Jugendherberge zu machen. Alena schlug Haken und machte lange Umwege, bevor sie schließlich ihr Ziel erreichte. Es war vielleicht nicht das klügste Versteck, aber sie hatte sich für die Jugendherberge entschieden, weil sie dort nicht alleine war, weil nachts aufgepasst wurde, dass keine Unbefugten das Gebäude betraten, und nicht zuletzt, weil sie so schnell nichts anderes hatte finden können.

Im ersten Stock hatte jemand eine Krippe aufgestellt. Alena musste lächeln, als sie die Szene betrachtete, trotz der bangen Ungewissheit, in der sie sich befand. War nicht auch für Jesus vieles ungewiss gewesen? Als Gottessohn unter die Menschen zu kommen, gegen alle Widerstände an seinem Auftrag festzuhalten, sich Gefahren auszusetzen, von den Menschen, die er doch grenzenlos liebte, getötet zu werden ... Wie hatte er sich wohl gefühlt? Eine Frage, die sich Alena oft stellte, doch sie fand keine Antwort darauf. In jener Nacht, als Jesus geboren wurde, hatten seine Eltern kein Zimmer gefunden und in einem Stall wohnen müssen. Sie wussten nicht, was auf sie zukommen würde, und sie hatten vermutlich Angst, genau wie sie selbst. Alena fühlte sich ihnen verbunden wie nie zuvor. Doch Gottes Wille war geschehen, trotz aller Widrigkeiten, und so würde es auch heute sein. Maria und Josef hatten vertraut, und auch sie musste vertrauen.

Alena verbrachte eine unerwartet ruhige letzte Nacht in ihrem Bett in der Jugendherberge. Am nächsten Morgen ging sie zu einem letzten Frühstück nach unten. Als sie zurückkam, um ihre Sachen zu packen, fand sie einen Brief auf der Bettdecke. Es war ein roter Umschlag mit einer Weihnachtskarte. Alena war alarmiert. Wer konnte wissen, dass sie hier war? Es gab keinen Absender, keinen Namen und der Text war mysteriös. Möglicherweise kam die Karte von dem Privatdetektiv, dachte Alena. Vielleicht war er ihr gefolgt und versuchte so, sie zu überreden, ihm alles zu sagen, was sie wusste. Es konnte aber genauso gut eine Falle sein. Ratlos ging sie auf die Knie und fragte Gott, was sie tun sollte. Als sie sich wieder erhob, war sie noch immer unsicher, doch sie wusste nicht, wohin sie sonst gehen könnte. Also beschloss sie, es zu wagen.

In der Grünen Kapelle war es angenehm warm. Es war keine große Kirche und niemand war da, als Alena eintrat, aber vorne stand ein wunderschön geschmückter Weihnachtsbaum, dessen elektrische Kerzen hell und tröstlich leuchteten. Es war noch nicht ganz Mittag, sie hatte noch viele Stunden Zeit bis zu dem auf der Karte angegebenen Zeitpunkt. Auf einem Tisch neben dem Baum standen ein Teller mit belegten Broten, eine Flasche Wasser und ein Glas. Daneben lag ein Zettel, auf dem „Bitte zugreifen" stand. Alena sah sich um, wanderte in der Kapelle umher, auf der Suche nach demjenigen, für den die Sachen bestimmt waren, doch sie fand niemanden. Sie nahm sich ein Brot und ein Glas Wasser, froh darüber, etwas gegen ihr Magenknurren tun zu können. Sie fühlte sich merkwürdig geborgen und sicher, als sei Gottes Hand auf dieser Kirche und würde alles Üble abhalten.

Alena hatte nichts zu tun, außer sich jeden Winkel anzusehen und in einem ihrer Bücher zu lesen. Das tat sie auch einige Stunden lang, doch am Nachmittag überkam sie das Gefühl, dass sie noch einmal beten sollte. Sie ging auf die Knie und sprach in Gedanken mit Jesus. Als sie ihr Herz ausgeschüttet hatte, blieb sie still sitzen und wartete. Nichts. Sie fand keine Antwort in ihrem Inneren, wie sonst oftmals. Als sie nach einer langen Zeit enttäuscht die Augen öffnete und hochsah, fiel ihr Blick direkt auf eine Frau, die sie beobachtete. Erschrocken und verwirrt sprang Alena auf.

„Wer sind Sie?", fragte sie ängstlich.

„Ich habe eine Nachricht für dich", entgegnete die Fremde, und Alena war sich sicher, dass sie zu der Bande gehörte, die hinter ihr her war. Zweifellos kamen sie mit einer Drohung zu ihr, einer Art Ultimatum oder Ähnlichem. Vielleicht würden sie sie auch auf der Stelle töten.

„Der Herr lässt dir sagen, dass du dich nicht fürchten sollst. Er wird für dich sorgen und dir geben, was du brauchst. Und du sollst Vertrauen haben und die Wahrheit sagen. Es wird dir nichts geschehen."

Damit wandte sich die Frau um und ging zur Tür, dann war sie verschwunden. Alena stürzte hinter ihr her, riss die Tür auf, wollte der Fremden nachlaufen – doch da war niemand.

Zitternd ließ Alena sich auf einer Bank nieder. Es dauerte lange, bis sie sich beruhigen konnte, doch dann wusste sie, was sie zu tun hatte.

Sie würde morgen mit dem Privatdetektiv sprechen und ihm alles erzählen, was sie wusste. Und jetzt würde sie einfach hier in der Kapelle warten, bis es dreiundzwanzig Uhr war. Sie war sich ganz sicher, dass das, was geschehen würde, Gottes Wille war. Sie würde den Heiligen Abend in einer Kirche verbringen – Alena lächelte. Es konnte kaum etwas Schöneres geben, höchstens vielleicht zu Hause zu sein, in Russland. Sie sah zu dem Kreuz, das vorne an der Wand hing. Ihre Augen wurden feucht, als sie flüsterte: „Danke, Herr, tausend Dank!"

24

Das ist das Wunder der heiligen Weihnacht,
dass ein hilfloses Kind unser aller Helfer wird.

Friedrich von Bodelschwingh

*H*eiligabend. Die Stadt lag dunkel und friedlich, ruhte und gedachte andächtig der Nacht, in der Christus geboren worden war. Es war spät, eine heilige Stille lag über den Straßen und Häusern. Man hätte meinen können, die Bewohner der Stadt lägen bereits in tiefem Schlaf, doch ganz vereinzelt hörte man Türen, Autos vorsichtig durch Gassen fahren, Schritte im Schnee knirschen, sah man eine vermummte Gestalt durch den Lichtschein einer Laterne huschen. Sie alle hatten dasselbe Ziel.

Die Grüne Kapelle stand einsam, aber nicht verlassen an dem Platz, an dem man sie vor Hunderten von Jahren errichtet hatte. Fast am Rand der Stadt, umgeben von Grün, war sie der letzte Rest der alten Burg, die der ursprünglichen Ansiedlung ihren Namen gegeben hatte. Die Festung war längst verfallen, doch die Kapelle erhob sich freundlich und einladend wie eh und je aus der kleinen Niederung und wartete auf Besucher. Es war eine Kapelle ohne Turm. Ungleichmäßig gehauener, heller Stein bildete ihre Mauern, die zahlreichen Fenster hatten die typische Bogenform, die nach oben spitz zulief, die Glasscheiben saßen in roten Sandsteinfassungen, die an schlichte Blütenkelche erinnerten. Aus dem Inneren drang ein warmer Lichtschein in die Dunkelheit.

Alena öffnete die Augen. Sie lag auf einer Kirchenbank und hatte stundenlang geschlafen. Es hatte keinen Gottesdienst, keine Messe gegeben, und das wunderte sie. Vorsichtig richtete sie sich auf und sah sich um. Überall brannten Kerzen – es musste jemand hier gewesen sein. Ob derjenige sie entdeckt hatte? Ihr Rücken tat weh; sie war nicht einmal aufgewacht und hatte viel geträumt, dabei war sie ganz steif geworden von der harten Schlafstelle, die sie sich ausgesucht hatte. Die Tür ging auf und es kam ein Mann herein; kurz darauf ein weiterer, dann eine alte Frau, ein Mädchen, eine jüngere Frau ... Immer mehr Menschen traten ein.

Die Leute, die die Kapelle betraten, sahen sich um, musterten einander und suchten sich dann einen Platz auf einer der Bänke. Es war eine kleine Kirche, trotzdem wurde sie nicht voll durch die Besucher. Zwischen den Sitzenden blieben Lücken, die Menschen verteilten sich über alle Bänke außer denen in den ersten beiden Reihen. So weit vorne wollte niemand sitzen, keiner wusste, was ihn erwarten würde. Alle waren hier, um ihr besonderes Geschenk zu empfangen. Jeder hatte dabei etwas anderes im Sinn, hoffte auf etwas ganz Eigenes.

Es blieb still, niemand sprach. Nicole saß in einer der mittleren Bänke und fühlte sich unsicher, was sie hier tat. Doch wenigstens waren noch andere Leute da. Als die Tür das nächste Mal aufging, trat ein Mann ein. Langsam erhob sie sich und musterte ihn erstaunt, im selben Moment entdeckte Holger sie.

„Du hier?", rief er erfreut und eilte zu ihr.

„Was machst du denn hier?", fragte Nicole leise, als er neben ihr saß.

„Ich habe eine Einladung bekommen", erklärte er und zeigte ihr die rote Weihnachtskarte.

„Dieselbe habe ich auch erhalten. Ich dachte, sie sei von meiner Freundin Iris. Ich hatte mich schon gefreut, weil ich so lange nichts mehr von ihr gehört habe, aber wenn du auch eine bekommen hast, dann kann sie nicht der Absender sein. Oder kennst du sie etwa?"

Holger schüttelte den Kopf. „Nein, ich kenne keine Iris. Ich dachte, die Karte sei von meiner Kanzlei. Eine Einladung zu einer feierlichen Beförderung oder so etwas."

„Vielleicht haben die anderen Leute auch so eine Karte bekommen?", rätselte Nicole.

„Das wird ja immer seltsamer", meinte Holger.

Kurz hing jeder seinen eigenen Gedanken nach. Dann beugte sich Holger zu Nicole. „Ich glaube, dass wir beide heute hier sind, ist ein Zeichen."

Nicole lächelte. „Meinst du?"

Holger nickte ernsthaft. „Ja, das glaube ich. Ich weiß, dass ich dich vom ersten Moment an mochte und schon im Café auf dem besten Weg war, mich in dich zu verlieben."

Sie wurden abgelenkt, als eine junge Frau hereinkam, sich mit ihrem weißen Stock langsam den Weg ertastete und dann neben Nicole Platz nahm.

„Was meinst du?", fuhr Holger flüsternd fort, „willst du es mit mir versuchen?"

Nicoles Augen fingen an zu leuchten. „Ja, das will ich. Und weißt du was? Ich glaube, das besondere Geschenk, von dem in der Karte die Rede war, habe ich in diesem Moment bekommen."

Ein Klappern durchbrach die Ruhe, als der Blindenstock von Nicoles Nachbarin langsam über die Bankkante rutschte und zu Boden fiel.

„Warten Sie, ich hebe ihn auf", sagte Nicole und bückte sich.

„Vielen Dank", entgegnete die junge Frau, als sie ihren Stock wieder in der Hand hielt. „Ich bin Veronika", stellte sie sich vor.

„Nicole."

Sie gaben sich die Hand.

„Ich bin noch neu in der Stadt", fügte Veronika hinzu, „diese Kapelle kannte ich bisher noch nicht."

„Oh, das ist eines unserer bekannten historischen Bauwerke", erklärte Nicole und begann flüsternd eine Unterhaltung mit ihrer Sitznachbarin. Holger fragte den Mann hinter sich, ob er auch eine rote Weihnachtskarte mit einer Einladung bekommen hatte.

Die Turmglocke der nahe gelegenen Petruskirche schlug lange und deutlich vernehmbar, viermal für die volle Stunde, dann elf Schläge. Die gespannte Erwartung der anwesenden Menschen war auf dem Höhepunkt. Jetzt musste etwas passieren, dreiundzwanzig Uhr war der angegebene Zeitpunkt. Jemand musste kommen und sie begrüßen, erklären, warum sie hier waren, sich als Absender zu erkennen geben, Geschenke überreichen.

Eine Minute verstrich, eine zweite ebenfalls; nichts geschah, nur die Ratlosigkeit nahm zu. Da ging die Tür auf und ein verspäteter

Besucher kam hereingeplatzt, gekleidet in einen eleganten, dunklen Kaschmirmantel. Der Mann blieb stehen, als er bemerkte, dass alle ihn anstarrten, klopfte sich weiße Flocken von den Ärmeln und sagte: „Es fängt an zu schneien."

Im selben Moment ging die Tür erneut auf und eine atemlose Frau mit einem bunten Hut auf dem Kopf kam hereingestürzt und stieß beinahe mit dem Mann zusammen. „Oh, Entschuldigung", murmelte sie. Der Mann nickte gnädig.

Dann bemerkte er den Tisch neben dem erleuchteten Weihnachtsbaum und ging mit großen Schritten darauf zu, die Frau folgte ihm. Beide musterten fassungslos das, was auf dem Tisch stand, wandten sich um und riefen gleichzeitig: „Von wem ist das?" Xavier deutete dabei auf ein Bild, Isolde auf die Blumen in der Vase.

Weiter hinten meldeten sich zwei Personen, eine Frau und ein Jugendlicher. „Das Bild und die Blumen sind von uns", sagte Petra laut.

„Woher haben Sie die Blumen?", japste Isolde atemlos, Xavier nahm das Bild zur Hand und betrachtete es eingehend.

„Haben Sie das gemalt?", erkundigte er sich.

„Ja. Ich male erst seit kurzer Zeit wieder und das ist das erste Bild, das ich fertig habe. Ich dachte, es wäre ganz schön, es mitzubringen. Als ein Geschenk an Gott, sozusagen. Johnny und ich wollten nicht mit leeren Händen kommen."

Die anderen Besucher waren nun ein wenig beschämt, weil sie nicht daran gedacht hatten, selbst etwas mitzubringen. Sie waren in Gedanken nur bei den Geschenken für sich selbst gewesen.

„Und die Blumen?", hakte Isolde nach.

„Die sind aus unserem Gewächshaus. Mein Großvater hat sie gezüchtet", erklärte Johnny.

Isolde stürzte zu ihm und seiner Mutter. „Haben Sie noch mehr davon? Das ist genau das, was ich verzweifelt suche. Ich gebe Ihnen zweitausend Euro für alle, die Sie haben!"

Xavier gesellte sich zu ihnen. „Ich würde mich freuen, wenn Sie bei mir eine Ausstellung machen würden. Ich glaube, Sie könnten genau die Künstlerin sein, die meiner Galerie gefehlt hat. Was sagen Sie dazu?"

Petra und Johnny sahen sich verwirrt an. Was geschah hier?

„Wer sind Sie?", fragte Petra schließlich.

„Xavier Wohlfahrt."

„Gehört Ihnen etwa die Wohlfahrt-Galerie?", staunte Petra.

Der Galerist nickte.

„Was sagen Sie zu meinem Angebot?", mischte sich Isolde ein. „Ich bin wirklich verzweifelt! Sie würden mir sozusagen das Leben retten!"

Johnny zuckte mit den Achseln. „Warum nicht? Wir haben noch etliche Blumen, die Blüte fängt gerade erst an und sie verwelken erst in ein paar Wochen."

„Müssen Sie mich ständig unterbrechen?", beschwerte sich Xavier bei Isolde.

„Aber Sie unterbrechen doch mich!", widersprach die Floristin aufgebracht.

Die beiden starrten sich wütend an. Irgendwo tief in ihrem Inneren machte sich eine Ahnung breit, dass sie sich gut verstehen würden; offenbar waren sie aus demselben Holz geschnitzt.

„Darf ich um Ihre Aufmerksamkeit bitten?" Ein Mann in einer Lederjacke hatte sich vorne hingestellt. „Verzeihen Sie, dass ich mich einfach zu Wort melde. Mein Name ist Sebastian Lemm und ich bin Pfarrer."

„Sie sind Pfarrer Lemm?", ertönte es erstaunt aus den Reihen der Zuschauer.

„Äh, ja, das bin ich."

Ein Mann stand auf. „Ich bin Manfred Jankowski. Sie kennen doch meine Frau, Heidi!"

Sebastian dachte nach, dann fiel ihm ein, wen der Mann meinte. „O ja, tatsächlich. Sie hat gesagt, Sie wollten vielleicht in unsere neue Männergruppe kommen."

Manfred grinste verlegen. „Ja, mal sehen, ich könnte mir das vielleicht anschauen."

„Lassen Sie uns nachher darüber reden", schlug Sebastian vor.

Manfred war beruhigt. Der Pfarrer in der Bikerjacke war ihm sympathisch. Die Männergruppe würde vielleicht doch nicht so öde werden, wie er angenommen hatte, er konnte also Heidi den Gefallen tun und hingehen.

„Ich wollte fragen, ob jeder von Ihnen so eine rote Weihnachtskarte bekommen hat." Sebastian wedelte mit seiner in der Luft herum.

Von allen Seiten kamen Bestätigungen.

„Weiß irgendwer etwas über den Absender?"

Allgemeine Verneinung.

„So, hm, das ist seltsam. Vermutlich weiß auch niemand etwas über das geheimnisvolle Geschenk, das hier erwähnt wird ...?"

Wieder war nur Kopfschütteln zu sehen.

„Ich weiß ja nicht, wie Sie das sehen, aber wenn wir schon mal hier sind und überlegen, was wir überhaupt hier sollen, könnten wir doch ein Weihnachtslied singen. Okay?"

Sebastian wartete gar nicht erst ab, sondern stimmte „Stille Nacht" an. Nach und nach setzten die anderen ein; einige waren unsicher im Text, Uwe schmetterte ein paar falsche Töne dazwischen. Vittoria di Notte spitzte die Ohren. Sie saß zwar in Uwes Nähe und hatte mit ihrem feinen Gehör vernommen, dass er unmusikalisch war, doch ihre Aufmerksamkeit galt einer klaren Tenorstimme aus dem hinteren Bereich. Sie sah sich suchend um, ihr Blick blieb auf einem südeuropäisch aussehenden jungen Mann hängen, der inbrünstig mitsang.

Die Tür ging ein weiteres Mal auf und ein unauffälliger Mann schlich sich vorsichtig herein. Alena erkannte ihn sofort: Das war der Privatdetektiv, der mit ihr gesprochen und ihr seine Karte gegeben hatte. Sie hatte damit gerechnet, dass er kommen würde. Nach dem, was ihr die unbekannte Frau am Nachmittag in der Kapelle gesagt hatte, wusste sie, dass sie ihm alles erzählen sollte, was sie über die Verbrecherbande wusste. Auch Eddie erkannte Alena, zeigte das jedoch mit keiner Geste und keinem Wort. Es war besser, vorsichtig zu bleiben, bis er wusste, mit wem er es hier zu tun hatte. Er ließ sich in der letzten Bank nieder, wo er alles im Blick hatte. Die dritte Strophe ging zu Ende, nur noch wenige sangen mit, denn kaum einer kannte den Text. Luise wunderte sich, dass die jungen Leute das heutzutage nicht mehr lernten.

Vittoria erhob sich. „Ich würde gern noch einen Liedvortrag von dem jungen Mann dort hören. Er hat so eine wunderschöne Stimme."

Ioannis sah, dass sie auf ihn zeigte und wurde rot. Er sollte vor all den Menschen hier etwas vorsingen?

„Nur Mut", redete Sebastian ihm zu.

Ioannis ging mit wackligen Knien nach vorne. Nicht einmal musikalische Begleitung hatte er. Er fing mit einem griechischen Weihnachtslied an und während er sang, verschwand seine Nervosität. Er war in seinem Element, das fühlte er und das spürte auch Vittoria, die Tränen in den Augen hatte, während sie ihm zuhörte. Sie wusste, wen sie vor sich hatte: das junge Talent, nach dem sie schon lange gesucht hatte und das ihr Protegé werden sollte, dem sie all ihr Wissen und ihre Erfahrung vermitteln konnte.

Das Lied war zu Ende, die Zuhörer waren gerührt und applaudierten. „Junger Mann, sie haben eine unglaubliche Stimme", rief Vittoria. Gerade wollte sie ihn zu sich rufen, da hörte sie ein vertrautes Geräusch, das sie verharren ließ. Die Stille wurde fast greifbar, weil die anderen sie beobachteten und sich fragten, was mit ihr los war. So war das zweite Maunzen deutlich für alle hörbar.

„Mia?", schluchzte die Sopranistin. Eine schwarz-weiß gefleckte Katze kam auf sie zugesprungen, ließ sich in den Arm nehmen und schmiegte sich schnurrend an die Sängerin. „Meine Mia, ich habe meine Mia wieder!", jauchzte Vittoria. „Una meraviglia! Das ist ein Wunder! Ein Weihnachtswunder!"

Felix staunte nicht schlecht. „Mia? Aber das ist Jana! Sie ist mir vor Kurzem zugelaufen."

„Sie haben sie gefunden?", hauchte Vittoria. „Dann war die Karte von Ihnen? Sie haben das alles geplant? Oh, vielen, tausend Dank, dass Sie mir meine liebste Freundin gebracht haben!"

Felix wollte widersprechen, kam aber gar nicht zu Wort.

„Ich geben Ihnen alles, was Sie wollen. Sagen Sie mir, was Sie sich wünschen, nichts ist mir zu teuer für meine Mia!"

Felix sah, dass er keine Chance hatte. Es war offensichtlich, dass die Katze, der er den Namen Jana gegeben hatte, dieser Frau gehörte und froh war, wieder bei ihr zu sein. Nun ja, er hatte für eine kurze Zeit ein Haustier gehabt, aber so war es auch gut; er hätte Jana ohnehin nicht behalten können. Und dabei hatte er sie nur mitgenommen, weil sie nicht gern alleine blieb und schon eines seiner Kissen zerfetzt hatte. Eher einem Schoßhündchen als einer Katze ähnlich wollte sie ihm überallhin folgen.

„Also, das Einzige, was mir im Moment einfällt, ist ein Computer. Mein alter ist nämlich kaputtgegangen und bisher hatte ich nicht das Geld, um mir einen neuen zu kaufen."

„Da kann ich Ihnen aushelfen; ich habe mehrere Computer und brauche sie bis auf einen gar nicht. Ich bekomme manchmal welche geschenkt", mischte Carola Creszens sich ein. Die Schriftstellerin hatte es mit Ach und Krach geschafft, rechtzeitig zu Hause anzukommen und war froh, Sumatra hinter sich zu haben. Sie war in Spendierlaune.

„Wow. Das wäre toll. Ich weiß gar nicht, was ich sagen soll", stammelte Felix. „Papperlapapp", fiel Carola ihm ins Wort. „Es ist Weihnachten, da kann man doch mal großzügig sein!"

„Das ist eine wunderbare Einstellung", stimmte Sebastian von vorne zu. „Und wenn wir schon dabei sind, möchte ich auch etwas fragen. Meine Kirchengemeinde plant, übernächste Woche mit einer Suppenküche für Obdachlose und Bedürftige anzufangen, und nun ist uns gerade der Sponsor abgesprungen, der Brot, Brötchen und Kuchen spenden wollte. Gibt es hier womöglich jemanden, der einspringen würde oder jemanden kennt, der das täte?" Er sah fragend in die Runde. Es käme einem weiteren Wunder gleich, wenn sich so jemand finden würde, aber er hatte den Eindruck, er sollte es versuchen.

Eine Weile sagte niemand etwas, dann streckte Michaela die Hand in die Höhe. „Ich arbeite in einer Bäckerei. Wir haben jeden Tag einiges übrig, es tut mir jedes Mal leid, wenn ich das wegwerfen muss. Wenn ich mit meinem Chef rede, lässt er sich bestimmt überzeugen, die Sachen zu spenden. Auch die Reste von den anderen Filialen, da kommt dann recht viel zusammen."

Sebastian merkte, wie eine Welle der Rührung in ihm aufstieg, dankte Gott im Stillen und sagte: „Sie haben keine Ahnung, welch ein Segen das wäre!" Er sah den Anwesenden in die Gesichter. „Ich glaube, ich weiß, warum wir hier sind", verkündete er schließlich.

„Ich auch", kam es von Alena und Petra wie aus einem Munde, einige andere nickten wissend, Holger nahm Nicoles Hand in seine.

„Jeder von uns hat etwas, das ein anderer braucht. Jeder von uns kann etwas geben, aber auch etwas empfangen. Wir sind hier, um einander zu helfen, zu beschenken und beschenken zu lassen. Unsere

Aufgabe ist es, herauszufinden, wie alles zueinander passt. Lassen Sie mich mal so fragen: Hat jemand etwas zu verschenken oder zu vergeben?"

Die, die bisher geschwiegen hatten, wurden nachdenklich.

„Ich habe ein Zimmer zu vermieten", sagte Lea.

Manfred fügte hinzu: „Und ich muss demnächst einen Job als Sachbearbeiter im Vertrieb vergeben."

Alena schlug das Herz bis zum Hals. „Ich suche gerade ein Zimmer, ich weiß nämlich gar nicht, wo ich heute Nacht schlafen soll", rief sie mit zitternder Stimme.

„Einen Job als Sachbearbeiter, wirklich?" Volkers Stimme überschlug sich fast. „Ich bin Industriekaufmann und habe schon im Vertrieb gearbeitet! Ich bin arbeitslos und suche seit Monaten eine neue Stelle!"

Manfred und Volker sahen sich überrascht an. „Wenn das so ist, dann geben Sie mir doch gleich nach Weihnachten Ihre Bewerbung. Kommen Sie zu einem Gespräch zu mir in die Firma. Wenn Sie über die entsprechenden Erfahrungen verfügen, wüsste ich nicht, was dagegen sprechen sollte."

„Sie können nachher gleich mit mir kommen", bot Lea Alena an, „das Zimmer ist hergerichtet und wartet nur auf eine Bewohnerin."

Alena strahlte. Hatte Jesus es jemals besser mit ihr gemeint?

„Jetzt fehlt mir nur noch ein Babysitter, der gelegentlich nachmittags auf die Kinder aufpassen kann." Alena schluckte. Das war unmöglich, sie musste nachmittags an die Universität. Wenn das die Bedingung für das Zimmer war ...

Doch Sophie tippte Lea auf die Schulter und murmelte: „Ich könnte das machen. Ich würde gern mein Taschengeld aufbessern, dann kann ich vielleicht irgendwann mal Reitunterricht nehmen."

Luise horchte auf. „Reitunterricht? Da wüsste ich etwas. Ich kenne ein Pferd, das nur darauf wartet, dass sich jemand auf seinen Rücken setzt!"

Sophie strahlte los. „Wirklich? O Mann, das wäre super!"

Luise freute sich, dass sie dem schüchternen Mädchen eine Freude machen konnte. Ach, war das ein Weihnachtsfest! Erst die netten Nachbarn, mit denen sie schon Freundschaft geschlossen hatte, und nun konnte sie sich auch noch nützlich machen und jemandem helfen.

„Jetzt fehlt nur noch ein starker Mann, der sich um meinen Garten kümmern kann", seufzte Luise glücklich. Sie rechnete gar nicht damit, dass man ihr überhaupt zuhörte, aber ein Mann kam zu ihr und sagte:

„Ich bin Gärtner und gerade arbeitslos, ich kann mich um Ihren Garten kümmern."

Uwe lachte, als Luise die Hände zusammenschlug vor Erstaunen.

„Ich trage mich sogar schon einige Zeit mit dem Gedanken, mich selbständig zu machen und wieder als Gärtner zu arbeiten. Ich habe nur das Problem, dass ich nicht weiß, wie ich das alles regeln soll, mit meinen Schulden und so."

Noch lange blieben die Menschen zusammen in der Grünen Kapelle und tauschten sich aus, schlossen Freundschaften und erkannten, wie sie einander helfen konnten. Ioannis fand in Holger einen Anwalt, der das Heim in Sachen Haustiere beraten und vertreten konnte – und Holger war sich sicher, dass dieser neue, wichtige Kunde ihm endlich die langersehnte Beförderung einbringen würde; Volker bot Uwe an, ihm als Schuldnerberater zur Seite zu stehen; Eddie bekam von Alena alles gesagt, was sie wusste, und sicherte sich so seine Belohnung – von der Überführung der Kriminellen ganz zu schweigen; Carola hatte durch seine Geschichte endlich die zündende Idee für ihr neues Buch – sie würde einen wahnsinnig spannenden Krimi darüber schreiben; Nicole verabredete sich mit Veronika, um ihr die Stadt zu zeigen und kulturelle Ereignisse zu besuchen; Johnny fand in Matthias Hagfeld endlich jemanden, der ihm mit seiner Bewerbung helfen würde, und Matthias wiederum entdeckte, dass Veronika übersprudelte von Ideen, wie er den Lehrstoff besser an seine Schülerinnen und Schüler vermitteln konnte; Petra kam mit Michaela über die Bäckerei ins Gespräch und bot ein paar von den Backrezepten ihrer Mutter an, damit die Bäckerei ihr Sortiment erweitern konnte

Die Kapelle leerte sich erst weit nach Mitternacht. Die letzten beiden, die man dort noch fand, waren Xavier und Isolde, der Galerist und die Floristin.

„Wollen Sie nicht gehen?", forderte Xavier Isolde auf, denn er spekulierte darauf, das Bild mitzunehmen, das Petra Müller gemalt hatte, doch es sollte ihn niemand dabei beobachten.

„Wieso gehen Sie nicht?", fragte Isolde schnippisch zurück. Sie wollte unbedingt die Blumen einpacken, aber ebenfalls ohne Zeugen.

Sie fixierten sich kampflustig.

„Na schön", sagte Xavier schließlich mit hochgezogenen Augenbrauen. „Offenbar möchten wir beide dasselbe. Also warum nehmen wir nicht, was wir wollen, und versprechen einander, es keinem zu sagen?"

Isolde rümpfte die Nase, während sie den Vorschlag erwog. „Gut, einverstanden", stimmte sie zu.

Gemeinsam schritten sie zu dem Tisch und griffen sich das Bild und die Blumen. Ohne ein weiteres Wort gingen sie zum Ausgang. An der Tür griff Isolde nach Xaviers Ärmel.

„Kein Wort, zu niemandem!"

Xavier hob die Hand. „Ehrenwort. Gehen Sie mit mir essen!" Es war keine Frage, eher ein Befehl.

Isolde war verwirrt. „Wie – jetzt gleich?"

Xavier nickte. „Warum nicht? Es ist spät und ich habe seit Stunden nichts mehr in den Magen bekommen."

Was für eine verrückte Idee. Herrlich! „Na schön."

Isolde und Xavier verschwanden im Dunkeln, während der Schnee leise vom Himmel fiel und mit geheimnisvollem Knistern den Boden berührte. Die Lichter in der Grünen Kapelle brannten, ihr warmer Schein drang nach draußen in die Kälte und erfüllte jeden, der sie sah, mit Sehnsucht. Es war die Nacht, in der Christus geboren worden war, und sein Geist erfüllte das Gebäude. Menschen waren gekommen, hoffend, suchend und fragend, und hatten erkannt, was Weihnachten bedeutete. Gott hatte für sie gesorgt, sie hatten einander beschenkt und reich gemacht. Keiner von ihnen würde diese Nacht jemals vergessen.

Ein Mann im dunklen Mantel warf einen letzten Blick auf die Kapelle, lachte zufrieden vor sich hin, drehte sich um und ging davon.

Ein besonderes Dankeschön gilt den Menschen, die mir für einige der Adventsgeschichten mit ihrer Hilfsbereitschaft und Freundlichkeit für neugierige Fragen zur Verfügung standen und ihre Zeit opferten, um mich bei meiner Arbeit zu unterstützen.

Der Badische Blinden- und Sehbehindertenverein V.m.K. (BBSV) vermittelte den Kontakt zu Frau Zepp, die mir einige Geräte gezeigt und vorgeführt hat, die Blinden und Sehbehinderten den Alltag und das Berufsleben erleichtern. http://www.bbsvvmk.de

Einen Einblick in die Welt der Motorradfahrer vermittelte mir Philip Weinbrenner, der selbst begeisterter Motorradfahrer ist.

Norbert Schnabel (Hrsg.)

Heller Glanz in allen Häusern

Die schönsten deutschen Weihnachtsgedichte

Gebunden · 11,5 x 17,5 cm · 96 Seiten · Nr. 629.444

Hier finden Sie altbekannte Klassiker und weniger bekannte Kleinode
der Weihnachts-Poesie: Genießen Sie die Texte von *Martin Luther,
Paul Gerhardt, Joseph von Eichendorff* über *Rainer Maria Rilke,
Carl Zuckmayer, Manfred Hausmann* bis hin zu *Christine Busta,
Hilde Domin, Willi Fährmann* u.a.
Besinnliche und berührende, geistlich wertvolle und auch heitere Zeilen
feiern die stillste und schönste Zeit des Jahres.

SCM Collection

Norbert Schnabel (Hrsg.)

Das Weihnachts-Vorlesebuch
für die ganze Familie

Gebunden ·13,5 x 20,5 cm · 96 Seiten · Nr. 629.449

Weihnachtszeit ist Familienzeit! Was kann im Advent schöner sein, als
bei Kinderpunsch und selbstgebackenen Plätzchen gemeinsam einer
Geschichte zu lauschen, die vom besonderen Zauber dieser Zeit erzählt?
„Das Weihnachts-Vorlesebuch für die ganze Familie" bietet 24 Geschichten
für jede Altersstufe und mit überschaubarer Lesedauer: Sie liegt bei allen
Texten unter 5 Minuten – denn bis Weihnachten ist ja noch so viel zu tun ...

SCM Collection